AF388698

HISTOIRE

DES

BANDITS ET BRIGANDS

LES PLUS CÉLÈBRES

DES QUATRE PARTIES DU MONDE.

Par J.-A.-S. Collin de Plancy,

SCHINDER-HANNES,

OU

JEAN L'ÉCORCHEUR.

L'HISTOIRE de ce bandit fameux avait été plusieurs fois imprimée en France, lorsque l'anglais Macfarlane la traduisit sans indiquer les sources où il avait puisé; plus consciencieux, nous avouons que nous nous sommes étayés des diverses relations imprimées, tant en France qu'en Allemagne et en Angleterre, pour écrire une histoire à la fois succincte et complète de cet homme vraiment extraordinaire.

Schinder-Hannes, dont le véritable nom était Jean Buckler, naquit à Muklen, sur la rive droite du Rhin, en 1779. Il n'avait encore que neuf ans lorsqu'il se rendit en Prusse avec sa mère pour y rejoindre son père, qui, après avoir servi quelque temps dans l'armée autrichienne, venait de déserter. Plus tard, ce dernier ayant obtenu une place de garde forestier, mit son fils à l'école où celui-ci fit des progrès assez rapides. Il atteignit ainsi l'âge de seize ans, et jusqu'alors on n'avait eu rien à lui reprocher, lorsqu'une circonstance bien peu importante en elle-même vint, en quelque sorte, décider du sort de toute sa vie.

Un cabaretier, voisin de Hannes, le pria un jour de remettre à des contrebandiers qui lui fournissaient de l'eau-de-vie, une somme de 24 francs : le jeune homme se chargea volontiers de la commission ; mais le hasard voulut qu'en se rendant au lieu où se trouvaient les contrebandiers, il fit rencontre de quelques jeunes gens de sa connaissance, assez mauvais sujets, qui l'entraînèrent dans un cabaret où tous ensemble commencèrent par vider quelques bouteilles. Une fois la tête montée, Hannes voulut à son tour régaler ses amis ; on resta à table toute la journée ; et, lorsque les convives se séparèrent, il ne restait pas à Schinder un sou du louis que lui avait remis le cabaretier, son voisin. Le grand air ayant un peu dissipé les vapeurs qui lui obscurcissaient le cerveau, il se demanda ce qu'il allait faire, et comment il pourrait reparaître chez lui, et finit par prendre la résolution de courir le pays sans trop s'inquiéter des moyens qu'il emploierait pour vivre.

Hannes marcha toute la nuit, et une partie de la matinée. La faim ne tarda pas à se faire sentir ; et comme, en ce moment, il passait devant une auberge à la porte de laquelle était attaché un cheval, dont le propriétaire venait probablement de mettre pied à terre, il détacha l'animal, sauta en selle et s'enfuit à toutes brides. Deux heures après il vendit le cheval à un maquignon, ce qui lui permit de vivre quelque temps sans inquiétude; puis, quand il eut tout dépensé, il songea à faire une nouvelle capture; mais, ayant appris que le bourreau de Barenbach avait besoin d'un aide, il se présenta pour remplir cet emploi qui lui fut accordé sans peine. Ce fut alors que Hannes fit la connaissance d'un boucher de la ville voisine: ils devinrent bientôt amis intimes, et passaient souvent des jours entiers au cabaret, où ils ne ménageaient pas le vin du Rhin, pour lequel ils avaient tous deux un goût décidé. Il suivit de ce goût un déficit assez considérable dans les finances du boucher. Schinder, voyant l'embarras de son ami, voulut l'en tirer, et il ne trouva pas pour cela d'expédient plus simple que de voler la nuit des moutons qu'il cédait ensuite au boucher pour le tiers de leur valeur, de sorte que chacun d'eux y trouvait son compte, et que le vin du Rhin continuait à être fêté comme par le passé; ce qui resserra encore les liens de l'amitié qui unissaient ces honnêtes spéculateurs.

Malheureusement, l'expédient que Schinder avait trouvé ne pouvait être employé pendant long-temps sans danger. Le voleur de moutons fut arrêté en flagrant délit, mis en prison, et peu s'en fallut qu'il ne donnât de la besogne à son maître l'exécuteur; mais il parvint à s'évader avant le jugement. Il se jeta alors dans les cantons du Hochwald où se trouvaient plusieurs bandes de brigands très-redoutées; il rencontra bientôt les deux principaux chefs de ces bandes, Finck et Pierre-le-Noir, qui le reçurent parmi eux et eurent bientôt lieu d'applaudir à son audace, à son adresse, et à son activité. Hannes avait surtout une grande prédilection pour les vols de chevaux; il fit en ce genre une foule d'expéditions aussi heureuses que lucratives; mais le malheur vint de nouveau l'atteindre au sein de la prospérité, et il tomba une seconde fois entre les mains de la justice. Cette fois son emprisonnement fut de courte durée : ayant trouvé dans la prison plusieurs de ses camarades, ils réunirent leurs forces, parvinrent à pratiquer pendant la nuit une brèche au mur de la prison de Sarrebruck où ils étaient enfermés, et s'évadèrent. Peu de jours après il fut repris, et cette fois il fut mis au cachot dans la tour de Simmeren. Il était fort difficile de sortir de là sans la permission de l'autorité; toutefois, Hannes ne s'en mit guère en peine. A l'aide d'un couteau cassé, il parvint à détacher une pierre du mur de son cachot, et, entrant par cette ouverture, dans une pièce qui donnait sur le devant, il arracha les barres de fer qui garnissaient la fenêtre, et s'échappa en sautant par la croisée d'une hauteur considérable. Une pierre qu'il entraîna et qui tomba sur lui, le blessa grièvement à la jambe, et ce ne fut pas sans beaucoup de peine qu'il se traîna jusque dans une forêt voisine qu'il parcourut dans tous les sens pendant deux jours sans trouver de nourriture; mais, dans la matinée du troisième jour, il arriva à une maison isolée où demeurait un de ses anciens compagnons, et où il reçut tous les secours que réclamait sa situation ; sa blessure fut pansée et promptement guérie.

Les dangers que Hannes avait courus jusqu'alors, loin de le dégoûter de la profession qu'il avait embrassée, semblaient au contraire avoir augmenté son audace ; il recommença sa carrière de brigandages, et il montra tant d'énergie, fut si heureux et si adroit dans une foule d'expéditions, que la troupe nombreuse dont il faisait partie, et Pierre-le-Noir lui-même se rangèrent sous son autorité et le reconnurent pour chef. Ce fut à cette époque qu'il changea son nom de Jean Buckler contre celui de Schinder-Hannes, ou Jean l'écorcheur ; on l'appelait aussi Brise-Prison, nom qu'il avait bien mérité.

Ce fut à cette époque que Hannes devint éperdûment amoureux d'une jeune et jolie fille, Julie Blœsus, dont le père était un musicien de quelque mérite. Schinder, qui était alors dans toute la plénitude de sa puissance, se fit aisément aimer de la jeune fille, qui ne tarda pas à le rendre père. Cette femme ne cessa de lui montrer une affection et un dévouement à toute épreuve : elle l'accompagnait souvent, déguisée en homme, même dans ses expéditions les plus périlleuses. Aussi l'amour qu'elle avait inspiré à Schinder fut-il constant, et il la considérait comme étant sa femme.

La troupe que commandait Hannes, se recrutant tous les jours, devint bientôt si considérable, que, dédaignant en quelque sorte le butin des grandes

routés, le chef attaquait souvent des villages entiers, soutenait, quand il le fallait, des combats
réguliers contre les habitants, et levait des contri-
butions aussi tranquillement que l'eût fait un général d'armée en pays ennemi. Quand il s'agissait
de pénétrer dans une maison où il y avait à craindre
de rencontrer quelque résistance, le capitaine se
présentait toujours le premier, suivi seulement de
deux hommes, après avoir donné l'ordre à sa troupe,
qui entourait la maison, de faire feu sur quiconque
s'approcherait de trop près. Ce fut ainsi qu'il
investit la maison de M. Riegel, qui demeurait à
Otzweiler. Hannes et quatorze hommes de sa bande,
tous armés de fusils, arrivèrent un soir chez un
honnête meunier des environs, où ils soupèrent de
bon appétit; puis il se rendirent à la porte de
M. Riegel, et frappèrent modérément. Le gendre
de M. Riegel vint ouvrir, et aussitôt Schinder entra
avec deux de ses hommes, et, sans s'inquiéter du
nombre d'habitants auxquels ils pourraient avoir à
faire, il demanda de l'argent et menaça madame
Riegel de la tuer, si elle ne lui montrait l'endroit
où son mari déposait son argent. Tandis que cette
dame, retenue par les brigands, poussait des cris
d'effroi, son mari, en cherchant à s'échapper par
une fenêtre, fut tué d'un coup de fusil; son gendre,
qui tenta de prendre le même chemin, fut blessé
dangereusement. Au bruit des coups de feu, les
voisins sortent de chez eux, puis courent aux
armes: Hannes, à la tête de ses hommes, commande
alors la retraite; mais il veut qu'elle se fasse en bon
ordre, et le détachement se retire lentement, en-

tretenant le feu contre les habitants quatre fois plus nombreux qu'eux.

Les juifs allemands étaient particulièrement en butte aux brigandages de cette bande; il semblait à Schinder que le butin qu'il faisait sur eux fût légitime. Il pénétra dans la maison d'un juif très-riche, nommé Wolf, et demeurant à Ottenbach, où il fit un butin immense. A Merxheim, il eut l'audace de s'adresser au magistrat *Rentmeister*, pour lui demander des renseignemements sur les juifs les plus riches des environs. Le magistrat n'osant refuser quelque chose à un homme si redouté et si puissant, lui désigna un nommé Bœr, juif très-riche et détesté du peuple. Hannes se mit aussitôt en marche pour cette expédition. A quelque distance de la maison du magistrat, il rencontra la garde, et répondit tranquillement à l'officier qui lui demandait où il allait ainsi armé : ne vous inquiétez pas de cela; il ne s'agit que d'un juif que nous allons dévaliser.

Et il continua son chemin sans que la garde osât l'attaquer.

Les principales expéditions de Schinder se faisaient au printemps et en automne, et presque toujours la nuit du samedi. On s'étonnait de cette prédilection; mais, lors du procès de ces brigands, on découvrit que presque tous les espions de Hannes étaient juifs, et que, par conséquent, ils avaient plus de loisir pour recueillir des renseignements pendant le jour du sabbat.

Hannes se trouvant un jour en embuscade sur la grande route, et n'ayant que deux hommes avec lui, aperçut une troupe de quarante juifs, qui revenaient de la foire de Krenhcacht. Sachant quelle était la terreur qu'il inspirait à cette classe d'hommes, il n'hésita pas à attaquer cette troupe, et les juifs ne songèrent même pas à faire la moindre résistance; mais Hannes les ayant fait fouiller, et ayant reconnu qu'ils ne possédaient à eux tous qu'une misérable somme en menue monnaie, il ne voulut pas la leur enlever; seulement, comme il était en gaîté, malgré le défaut de butin, il ordonna à ces quarante malheureux d'ôter leurs bas et leurs souliers: les pauvres diables obéirent; et, lorsque tous ces bas et ces souliers furent réunis en tas, les trois brigands les mêlèrent si bien avec le bout de leurs fusils, qu'il eût fallu un temps considérable pour appareiller cette défroque.

— Allons, dit Schinder, que chacun reprenne ce qui lui appartient, et dépêchez; car je brûle la cervelle, sans miséricorde, au dernier chaussé.

Les juifs se jetèrent aussitôt sur les chaussures, et, comme il était impossible que chacun retrouvât promptement ce qui lui appartenait, il en résulta une mêlée, un déluge d'injures, et tous finirent par se battre, à la grande satisfaction des brigands qui riaient à se tenir les côtés, et se retirèrent avant que le combat fût terminé.

Schinder-Hannes et les hommes de sa bande ne ressemblaient en rien à ces brigands, qui, toujours en guerre avec la société, ne sortent de leurs montagnes ou de leurs forêts, que pour exercer leur affreuse profession. Schinder aimait le monde et les plaisirs; lui et les siens fréquentaient les fêtes des villages voisins, se mêlaient aux danses et étaient toujours bien reçus ; car on savait que c'étaient de joyeux compagnons, et que, dans ces circonstances, on n'avait rien à redouter d'eux. Le Rhin faisait en quelque sorte la sécurité de cette bande redoutable, qui passait alternativement de la rive droite à la rive gauche ; ils changeaient aussi de costume très-fréquemment. Hannes se faisait souvent passer pour un négociant du pays, et se montrait impunément à Francfort dans tous les lieux publics ; il est vrai que cette hardiesse faillit plus d'une fois lui être fatale ; des soldats de Mayence l'arrêtèrent même un jour, et ce ne fut qu'avec beaucoup de peine qu'il parvint à se tirer de leurs mains ; un autre jour, que chargé, ainsi que plusieurs hommes de sa bande, de la dépouille d'un riche juif dont ils venaient de piller la maison, ils se rendaient tranquillement à leur quartier-général, ils furent attaqués si vivement par un détachement de troupe de ligne, et Hannes, en particulier, fut serré de si près, qu'il ne s'échappa que par miracle ; caché dans un grenier à foin, il entendit les soldats qui le cherchaient pénétrer dans sa retraite, il se crut pris ; mais le hasard le favorisa : on ne le découvrit point.

Cette bande redoutable prospéra, tant que la France et l'Autriche furent en guerre : les autorités des deux pays ne pouvant s'entendre et agir de concert à son égard ; mais, dès que la paix fut conclue, des mesures si énergiques furent prises sur les deux frontières, que la bande se dispersa. Hannes erra long-temps seul ; ses ressources s'épuisèrent, et il fut arrêté; mais il eut encore le bonheur de s'évader, et, pour échapper aux recherches actives dont il était l'objet, il prit le parti de s'engager dans un régiment autrichien; mais cela ne put le sauver : il était connu de trop de gens, pour que maintenant, qu'il n'inspirait plus de terreur, quelqu'une de ses victimes ne le rencontrât bientôt et ne le livrât à la justice. Ce fut ce qui arriva à Limbourg, où il fut arrêté vers la fin d'avril 1802. Tant qu'il se vit confié à la garde de soldats autrichiens, il ne désespéra pas de se sauver; mais, ayant été conduit à Mayence, bien escorté, et remis aux gendarmes français, tout espoir l'abandonna, et il s'écria : Tout est fini pour moi! je suis perdu! Traduit, avec plusieurs de ses complices, devant la cour criminelle de Mayence, il raconta franchement ses aventures, et n'omit aucune circonstance importante de sa vie. Parmi ses complices, étaient son père, sa mère, et sa maîtresse, Julie Blœsus; il y avait à leur charge cinquante-trois chefs d'accusation, et l'instruction de ce procès fournit la matière de cinq énormes volumes in-folio. Les débats durèrent vingt-huit jours, pendant lesquels Schinder ne perdit rien de sa fermeté. Tous ses efforts tendirent à prouver qu'il n'avait jamais commis de cruautés dans ses expéditions; mais la mère d'un meunier, appelée comme témoin, ayant déclaré que, pour la forcer à déclarer où était son argent, les brigands lui avaient placé des chandelles sous les bras, et cette charge accablante ne pouvant être réfutée, Hannes s'écria : « J'entends l'oiseau de mort, tout est dit. »

Ce n'était cependant pas la mort qui l'effrayait, mais le supplice de la roue, auquel il craignait d'être condamné. Il ne cessa de défendre avec chaleur son père et sa maîtresse : « J'avais le dessein de devenir honnête homme, disait-il; les circonstances m'ont entraîné; mais Julie est innocente; je l'ai séduite, et son seul crime fut de m'aimer. J'espère aussi que vous aurez pitié de mon vieux père, qui est innocent.

Enfin, le jugement fut prononcé; Schinder-Hannes et dix-neuf de ses complices furent condamnés à la peine de mort; son père et quinze autres aux travaux forcés, Julie Blœsus et trois autres à deux ans de prison; plusieurs furent acquittés. Hannes entendit prononcer la sentence avec sang-froid; il remercia les juges d'avoir épargné la vie de son père et de sa maîtresse, et pria le président d'avoir soin de son enfant, après sa mort.

Hannes reçut avec respect le prêtre qui, dans dans la matinée du 20 novembre 1803, jour fixé pour l'exécution, vint lui offrir les consolations de la religion. Arrivé sur le lieu de l'exécution, il examina attentivement la guillotine, demanda si la mort était prompte avec cet instrument, et parut satisfait de la réponse affirmative qu'on lui fit. Se tournant alors vers la foule, il dit : « J'ai mérité la mort; mais dix d'entre nous sont innocents. » Il fut exécuté le dernier, et cette exécution de vingt hommes ne dura qu'un peu plus de vingt-cinq minutes.

RINALDO-RINALDINI.

Ce brigand fameux naquit en Calabre ; il était le plus jeune des six enfants d'un pâtre de cette contrée, et, dès l'âge de huit ans, ses parents l'envoyèrent garder un troupeau dans les montagnes. Dès qu'il eut atteint sa douzième année, cette vie de pâtre l'ennuya ; il ressentit le plus vif désir de s'instruire, et déjà l'ambition fermentait dans son jeune cœur.

Dans les lieux déserts et sauvages que Rinaldo fréquentait, vivait un ermite nommé Onario, homme très-instruit, que des malheurs avaient forcé de quitter le monde.

Notre jeune pâtre fut trouver ce solitaire, et lui témoigna le désir qu'il avait de sortir de son ignorance. Le vieillard, qui vit en lui des dispositions heureuses, se fit un plaisir d'être son instituteur : il lui enseigna d'abord à lire et à écrire, puis il lui donna des leçons de morale, d'histoire et de géographie. Il lui prêtait des livres que le jeune homme lisait avec avidité ; c'étaient les ouvrages de Plutarque, Tite-Live, Quinte-Curce, et des romans de chevalerie. Toutes ces lectures échauffaient, exaltaient la tête de Rinaldo, principalement celles des livres des chevaliers de la table ronde. Il aurait tout sacrifié pour ressembler à un seul des héros qu'on y peignait.

Il avait dix-sept ans, lorsqu'Onario, son maître et son ami, disparut inopinément, en laissant à l'ermitage un papier dans lequel il faisait à Rinaldo une donation de tout ce qu'il possédait. Le jeune homme vendit tout jusqu'aux livres, quitta ses troupeaux, ses montagnes, et se fit soldat. Il voulut réaliser les chimères qui lui étaient passées par la tête; les histoires des héros l'avaient enthousiasmé, il voulut en devenir un. En ayant reconnu l'impossibilité, il déserta, passa au service de la république de Venise, croyant pouvoir mieux réussir dans ce pays; se voyant encore détrompé, il déserta de nouveau pour servir dans les troupes du roi de Sardaigne. Là, la fortune parut lui sourire un instant. On était en guerre avec une puissance voisine, et il se distingua dans plusieurs actions, par son intrépidité; un général le remarqua, et s'intéressa à son avancement. Rinaldo parvint au grade de porte-drapeau, après avoir passé par tous les autres. Son colonel, homme fort dur, le maltraita un jour pour une faute légère. Né violent, il ne put supporter cet outrage, tira son épée, et força son chef à se défendre. Avant qu'on ait pu les séparer, il avait tué son homme. Il prit la fuite. Il erra long-temps dans l'Italie, sans savoir quel parti prendre. Dans un de ses voyages, il fut attaqué par des bandits; il succomba, après s'être défendu comme un lion. Sa bravoure lui gagna l'estime de ceux qui l'avaient attaqué. Ils l'emportèrent et prirent soin de lui. Quand il fut guéri, il prit parti avec eux, devint bientôt leur chef, et les organisa en corps d'autant plus redoutable, qu'il était intrépide et bien discipliné. Nous allons suivre ce fameux chef de brigands dans ses courses, et donner un récit succinct de ses entreprises les plus fameuses.

Rinaldo, dont la tête avait été mise à prix par les républiques de Lucques, Venise et Gênes, rassembla sa troupe, et lui dit :

« Mes amis, mon plan est d'abandonner les
» montagnes d'Albonigo ; partons sur l'heure ; ce
» soir vous camperez dans le vallon où est si-
» tuée la chapelle de San Giacomo : demain, à
» midi, vous serez rendus dans la plaine qui se
» trouve au centre des quatre montagnes de la
» Cèra. Si mon projet n'est pas déconcerté, nous
» avons un plan hardi à exécuter. »

On se prépara au départ. Girolamo se mit à la tête de l'avant-garde, Altaverde suivit avec le gros du corps, et Cinthio conduisit l'arrière-garde. Quand à Rinaldo, ayant pris sa guitare et son fusil, il se dirigea vers un autre chemin. Après avoir marché quelques heures, il rencontre un vieillard nommé Donato, chez lequel il soupe, et qui lui donne un asyle pour la nuit. Sur les deux heures du matin des brigands frappent à la porte de l'ermitage : on leur ouvre ; Rinaldo reconnaît que ce sont de ses gens : ils restent attérés en sa présence. Il fait feu sur l'un d'eux, et lui casse l'épaule. « Rejoignez vos compagnons, dit-il aux autres ;
» demain vous me reverrez, et vous recevrez
» votre punition. »

Dès le grand matin, Rinaldo sortit pour prendre l'air; il rencontra Aurélia, qui habitait la ferme voisine, et qui venait quelquefois visiter Donato. Il lia conversation avec elle, et lui déclarait son amour, lorsque Cinthio s'approchant, lui annonça qu'il y avait de la rumeur parmi ses gens. Il arrive, après une heure de marche, à l'endroit où ils étaient campés; et, après avoir rétabli la subordination parmi eux, et donné de nouveaux ordres pour une expédition, il retourne à l'ermitage, où Donato lui apprend qu'Aurélia est au couvent.

Une caravane de voyageurs était campée dans un vallon de palmiers, proche Oriolo. Sur l'avis que lui donna Cinthio, Rinaldo s'avance vers elle avec un de ses gens, et, s'adressant à deux dames, il leur dit: « Donnez-moi vos bagues, vos montres » et cent sequins. Pour vous dédommager, je » vous donnerai une carte d'assurance pour aller » jusqu'à Florence avec sécurité. »

Vers la nuit, il rassembla sa troupe; le lendemain, à l'aurore, il fut réveillé, ainsi que ses gens, par une vive fusillade; ils coururent aux armes, et virent bientôt leurs avant-postes se replier sur eux.

—Nous sommes entourés par la milice toscane.

—Entourés! s'écria Rinaldo; eh bien! il faut combattre; sonnez du cor pour rassembler les piquets détachés.

La troupe réunie formait quarante-neuf hommes; le combat s'engage avec le gros du corps de milices, l'affaire devint terrible; Rinaldo, en se battant comme un lion, vit trois des siens tués à ses côtés; le carnage est affreux; Sévéro, un de ses capitaines, avec douze de ses gens, sont séparés de leurs camarades dans la mêlée, et tombent percés de coups. Rinaldo fait des efforts prodigieux, parvient à se faire jour, et gagne la frontière, seul et séparé de ses compagnons. Accablé de fatigues, il s'enfonce dans la forêt voisine; rencontre une source où il se désaltère, et un paysan qui lui vend du fromage et des saucisses qu'il portait à la ville, et dont il fit un repas dont il avait le plus grand besoin.

En sortant de la forêt, il accoste une troupe de Bohémiens, qui lui vendirent une jeune fille nommée Rosalie, qui consentit volontiers à le suivre. Après avoir marché quelques heures avec elle, il vit arriver à sa rencontre quelques-uns de ses affidés, qui étaient parvenus, après avoir perdu presque tous leurs compagnons, à échapper aux milices. Il leur fit part du dessein qu'il avait de se rendre à Florence, pour savoir si le bruit de sa mort s'y confirmait, et connaître le sort de ses camarades. Ayant laissé le commandement à Altaverde pendant son absence, il monta à cheval. Rosalie le suivit, vêtue en homme et montée sur un mulet.

Il tourna ses pas vers Ariolo, prit sa route à travers les montagnes, et se rendit à l'ermitage de Donato, avec lequel il renouvela connaissance. Il lui demanda des nouvelles d'*Aurélia* : l'ermite lui apprit qu'il était son oncle; que sa nièce était avec son père, le prince della Rocella.

Le lendemain, après avoir fait ses adieux au

vieillard, et lui avoir donné une carte d'assurance, il alla chercher la place où il avait caché son or, et le retrouva fort heureusement. La charge des trésors qu'il avait déterrés étant devenue trop pesante, il acheta à Carsina une voiture, et voyagea ainsi sous le nom du comte d'Albrogo.

En entrant dans Césina, il vit sur la grande place un chanteur qui faisait entendre une romance sur les actions de Rinaldini, et sa mort dans un combat. Rinaldo lui donna une pièce d'argent.

Une rencontre qu'il fit, et à laquelle il ne s'attendait guère, le força, pour sa sûreté, à prendre une autre route, et à s'éloigner de Venise ou d'Urbino, où il avait dessein d'aller. Il vendit ses mules et sa voiture, renvoya quelques-uns de ses affidés qui étaient avec lui, enfouit de nouveau ses trésors, et marcha droit vers les Appennins. Là, ayant trouvé une cellule vide, il s'y établit avec Rosalie. Altaverde et Cinthio vinrent l'y rejoindre; mais craignant d'y être découvert, il alla dresser sa tente sur le sommet d'une montagne ; ayant passé sa troupe en revue, il la trouva forte de quatre-vingts hommes, qu'il dispersa dans les bois environnants jusqu'auprès de Brandalino. Quant à lui, il se dirigea vers un château qu'il aperçut dans l'éloignement. Ce château était celui du baron de Roverzo; Rinaldo y pénètre, et apprend de la bouche même d'Aurélia, les mauvais traitements que son époux lui fait endurer. Rinaldini résolut de la venger, et, ayant rassemblé sa troupe, fait une irruption dans le château, d'où, après avoir exercé sa vengeance contre le baron et deux de ses amis, il fait sortir Aurélia, et la fait conduire au couvent de Sainte-Claire.

Cependant des troupes étaient à la poursuite de ce brigand, qui, comme un nouveau Protée, à l'aide de ses déguisements, échappait toujours à leurs recherches. Sa bande était presque anéantie. Il prit alors le parti, après avoir laissé Rosalie dans l'ermitage de Donato, de quitter les États de l'église, et de se rendre à Naples, où il s'annonça sous le nom du comte de Mandochini.

Un jour qu'il se promenait sur le port, une chaloupe débarque. Rinaldo, faisant peu d'attention à ce qui se passe autour de lui, se trouve au milieu des arrivants, des matelots et des portefaix; il se sent légèrement frapper sur l'épaule; il se retourne, et Rosalie, en habits d'homme, lui saute au cou. Rinaldo l'emmène dans sa demeure, et fait enlever deux coffres qu'elle avait apportés. Celle-ci lui raconte ce qui lui était arrivé depuis son départ.

Des soupçons fondés que Rinaldo était à Naples, la rencontre qu'il fit de Ludovico, l'un de ses gens, et plusieurs autres circonstances impérieuses, le déterminèrent à quitter cette ville, où il laissa Rosalie, à laquelle il prescrivit de le rejoindre, avec Ludovico, dans quelques jours, à Cosensa.

Il se vêtit alors en pélerin, quitta Naples, prit le chemin de Salerne, poursuivit sa route jusqu'à Clarimonte, où une fièvre ardente le contraignit de s'arrêter quelques jours. Après avoir repris un peu de forces, il s'enfonça dans les montagnes de Mormando, où il rencontra Cinthio à qui il raconta ses aventures, depuis l'instant où ils avaient été obligés de se séparer. Au bout de huit jours Ludovico et Rosalie, avec ses trésors, vinrent le rejoindre.

Le lendemain, Rinaldo descendit des montagnes, et s'approcha du bourg de Fiscaldo; on y célébrait la fête du patron de la contrée. Des moines avaient élevé un théâtre sur la principale place de ce bourg, et y vendaient des amulettes, des rosaires, et d'autres saintes bagatelles. La recette fut abondante, et tomba malheureusement le soir dans les mains de Rinaldo.

Ce brigand, qui a entendu prononcer son nom dans la foule, passe, avec Cinthio, au travers d'un aqueduc ruiné, et quitte Fiscaldo. Arrivés sur la hauteur où est situé l'ermitage de San-Sépolcro, ils entendent sonner la trompette et toutes les cloches de la vallée. Ils gagnent alors promptement San Lucito, dont les approches étaient très-escarpées.

Ayant rassemblé ses gens, au nombre de cinquante-six, il prend le chemin de la Vally. On lui apprend en route que Cinthio, avec quinze hommes, est aux mains avec les milices, et qu'il se battait en désespéré. Sans perdre de temps, Rinaldo tombe avec tant de fureur sur les milices, qu'il les force à la retraite. Mais bientôt une trentaine de dragons fondirent sur lui à l'improviste; il se défendit comme un lion, mais ses camarades ayant tous été tués à ses côtés, il fut obligé de se rendre. Lié et désarmé, on le conduisit dans un château voisin, d'où il ne tarda pas à s'échapper par les soins d'une femme, nommée Olimpia, qu'il avait connue à Naples, et qui lui remit une lettre pour le marquis de Romano, à Messine.

Arrivé dans cette ville, Rinaldo se présenta chez ce marquis, qui l'accueillit avec empressement et cordialité; mais une aventure désagréable le força bientôt de quitter cette maison. La comtesse de Mortagno dont il avait obtenu des faveurs, lui dit : Dans les montagnes de Remata, je possède un château où il est impossible de te découvrir; il faut t'y retirer sans délai. Voilà une lettre pour le concierge. Je t'y donne le nom du baron de Tegnano, l'un de mes parents; un cheval est sellé à la porte du jardin, pars; je t'y donnerai de mes nouvelles. Dans sa route il rencontra Ludovico, qui lui apprit que c'était lui qui avait tué le capitaine corse qui en voulait à sa vie.

— Viens avec moi, brave garçon, lui dit Rinaldo; et au premier endroit, je te ferai donner ce qui t'est nécessaire.

Au premier village, il lui acheta une mule, et ils poursuivirent leur chemin. Le sixième jour ils arrivèrent au lieu de leur destination.

Le château était au milieu des montagnes; des bois épais l'entouraient; il était fermé par des murs fort élevés et un fossé très-profond, que l'on passait sur un pont-levis.

Le concierge, sa femme, sa fille, une servante et un vieux invalide, étaient les seuls habitants de ce manoir.

Rinaldo employait son temps à parcourir les montagnes et les bois environnants, à lire quel-

ques vieilles chroniques, et à écouter le récit que
lui faisait de ses exploits le vieux invalide Gior-
gio, et les aventures arrivées dans les environs,
que lui racontait le concierge.

Un soir, ce dernier, au sujet d'une aventure
d'esprit et de revenants, ajouta :

Je vous assure, monsieur le baron, qu'il ne
ferait pas bon se hasarder à entrer dans la grande
salle qui est ici dessous. Il y a là des choses.....

— Eh bien! dit le baron, je tenterai l'aventure
avec Ludovico.

Le lendemain Rinaldo s'arme; des flambeaux
furent allumés, et il s'achemina, avec Ludovico,
vers la salle tant redoutée, où ils pénétrèrent,
et en ouvrirent les volets.

La salle formait un grand carré long ; des lambeaux de tapisserie couvraient encore quelques
parties des murs, où pendaient des armoiries et
des anciens portraits de famille ; il ne s'y voyait
pas le moindre meuble. Ils ouvrirent la porte du
fond, trouvèrent un escalier, et descendirent
quarante marches. Une porte les empêche d'aller
plus loin; ils en firent sauter la serrure, mais un
nouvel obstacle les arrête. Les verroux étaient de
l'autre côté et fermés. Ils n'eurent d'autre expédient que de jeter la porte par terre. Alors ils
aperçurent un chemin voûté. Après avoir marché
environ cinquante pas, ils rencontrèrent un escalier qui conduisait plus bas. Il était comme le
premier, terminé par une porte qu'ils enfoncèrent
avec la même facilité. Une nouvelle route se présenta, et, après l'avoir parcourue, ils se trouvèrent

dans un espace de forme ronde, dont la voûte était plus élevée, et au fond duquel était une porte de fer.

Nous sommes, dit Rinaldo, dans les souterrains du château. Ils se préparaient encore à enfoncer cette porte, lorsqu'ils entendirent des gémissements qui paraissaient sortir de l'intérieur. Rinaldo frappe fortement à la porte, et s'écrie : Qui que vous soyez, ouvrez, ou je mets la porte en pièces.

— Qui vient troubler le repos des habitants des souterrains, dit une voix forte et lugubre ?

— Quelqu'un qui veut apprendre à les connaître.

— Nous ne voulons pas satisfaire ta curiosité.

— Ouvre, ou je brise la porte.

— Si tu te crois assez courageux pour soutenir notre aspect, demande au comte de Mortagno la clef de ce souterrain ; il te la donnera.

— Le comte n'est plus depuis trois ans. La voix intérieure garda le silence, et Rinaldo impatienté jeta la porte en dedans. Il se trouva dans un cachot obscur et voûté : une figure longue et blanche s'en éloignait à grands pas ; il veut la suivre, elle ferme avec violence sur elle une autre porte de fer, qui éteint le flambeau de Rinaldo. Resté dans l'obscurité, il ne sait de quel côté tourner ses pas. D'un des angles du cachot, une voix se fait entendre.

— Dieu du ciel, abrège mes jours !

— Qui parle ici ?

— Si tu es un libérateur, viens au secours de

la créature la plus infortunée. Si au contraire, tu es le barbare comte de Mortagno, mets un terme à ma misérable existence, ou fais-moi jouir de l'aspect du soleil dont je suis privée depuis si long-temps.

— Le comte de Mortagno est mort.

— Mort! les dieux soient loués! mes souffrances vont finir!

— Oui, je veux te sauver.

Ludovico vint le rejoindre avec un flambeau; Rinaldo ajouta : Toi qui viens de me parler, où es-tu?

— Ici, dit la voix; et, en suivant sa direction, il aperçut un trou rond, élevé d'environ cinq pieds de terre, et garni de barreaux de fer : il s'approche, et recule d'horreur, en apercevant une femme dans l'état le plus déplorable.

— Ah! dit l'infortunée, mes yeux ne peuvent soutenir l'éclat de la lumière. Rinaldo envoya de suite Ludovico au château, chercher les outils nécessaires pour briser les barreaux qui retenaient la malheureuse prisonnière. Resté seul avec elle :

— N'as-tu jamais vu la lumière dans ces lieux? lui demanda-t-il.

— Quelquefois la faible lueur d'une lampe, lorsque le gardien m'apportait du pain, de l'eau et de la paille.

— Essaie de t'accoutumer peu à peu à celle de mon flambeau, afin de pouvoir soutenir celle du jour.

— Eh! quoi! je la reverrais?

— Je t'en donne l'assurance.

— Dieu tout-puissant! je te rends graces! récompense mon libérateur, et bénis-le à jamais.

Ludovico revint avec des outils, une bouteille de vin, de la viande froide et du pain. Ils firent prendre un peu de nourriture à l'inconnue, après quoi, ils brisèrent les barreaux et élargirent assez le trou pour qu'elle pût y passer. Cette créature faible, pâle, maigre, à peine couverte de quelques lambeaux de toile, ressemblait à un squelette; ils l'emportèrent, et la mirent dans un lit où elle s'endormit profondément.

Au bout du quatrième jour, elle instruisit Rinaldo de la cause de son infortune, dont l'auteur était le comte de Mortagno, qui, après l'avoir séduite, l'avait fait enfermer dans ce souterrain.

Quelques jours après, la comtesse de Mortagno vint rejoindre Rinaldo. Après les doux épanchements de l'amour, la comtesse lui déclara qu'elle portait en son sein un fruit de leur tendresse, et lui demanda en même temps s'il était véritablement le marquis della Cintro, sous le nom duquel il s'était introduit chez elle. Sur sa réponse négative, elle réitéra ses questions, et parvint à savoir qu'il n'était autre que Rinaldo. À ce nom, elle tomba sans connaissance : on la porta dans son lit, et, le lendemain, elle fit remettre à ce chef de brigands le billet suivant :

« Infortuné! tu as empoisonné mes jours pour

jamais. Je ne puis ni ne dois te revoir. Abandonne-moi à ma cruelle destinée, et tâche d'éviter le sort qu'on te prépare. »

Rinaldo dit aussitôt à Ludovico de seller leurs montures, et ils quittèrent à l'instant le château.

Après quelques journées, ils rencontrèrent une voiture attaquée par des bandits de la bande de Luigino. Rinaldo avec Ludovico fondent sur les assaillants, qu'ils mettent en fuite. S'approchant de la voiture, il reconnaît le baron de Dénongo avec sa fille ; celui-ci lui dit : Monsieur, je vous ai les plus grandes obligations ; sans votre intrépidité, nous aurions été dépouillés, et peut-être cruellement maltraités. Je vous en conjure, veuillez m'accompagner jusqu'à mon château. Ils y arrivèrent après six heures de marche.

Le baron s'empressa de témoigner à Rinaldo sa reconnaissance, en l'engageant à rester quelque temps au château. Pendant le séjour qu'il y fit, une nouvelle troupe de brigands vint pour le piller ; Rinaldo, en se nommant, parvint à les détourner de leur dessein, et retint avec lui Néro, qui avait servi ci-devant dans sa bande.

Le lendemain de cette aventure, il fit seller ses chevaux, et partit accompagné de Néro et de Ludovico, avec lesquels il atteignit les montagnes de Cérano.

Vers le soir, ils s'arrêtèrent à la porte d'une auberge, où, au nom de Rinaldini, qui fut reconnu, des muletiers, des voyageurs et deux dragons de patrouille, qui se trouvaient là, accoururent.

Rinaldo veut se mettre en défense; on le saisit par derrière, six hommes se jettent sur lui, et parviennent à le terrasser. On lui lie les pieds, et on lui attache les mains derrière le dos.

Luigino, qui était dans les environs avec sa bande, ayant été instruit de l'événement fâcheux arrivé à Rinaldo, accourut aussitôt à l'auberge, le délivra des mains de ceux qui se promettaient une grande récompense, en le livrant à la justice.

Rinaldo se rendit dans la tente de Luigino, où, quelques instants après, on vint annoncer à ce dernier que l'on avait rencontré une pélerine dans les montagnes, et qu'on l'amenait.

C'est Rosalie! s'écria Rinaldo. Il s'élance hors de sa tente, et vole dans les bras de sa bien-aimée. Celle-ci lui raconte ses aventures depuis l'instant qu'il avait été forcé de la quitter. Après s'être donné les marques les moins équivoques de leur amour, Rinaldo eut un entretien avec Luigino, corse d'origine, qui lui proposa de passer dans cette île pour délivrer ses compatriotes de la tyrannie des Génois. Rinaldo accepta la proposition avec enthousiasme; ils s'entretenaient des moyens à prendre pour l'exécution de leur plan, lorsqu'un des leurs vint les avertir qu'ils étaient attaqués par quatre cents hommes de troupes.

On fit alors des dispositions pour combattre, ou pour s'échapper, en cas qu'il y eût impossibilité de se défendre

Malgré le courage et l'intrépidité des chefs, les bandes furent dispersées. Rinaldo gagna une forêt où il fut bientôt assailli par de nouvelles troupes;

accablé par le nombre, il se voit contraint à reculer; adossé contre un mur, il se défend comme un lion. Ses camarades sont tous hachés à ses côtés, son sabre se rompt dans ses mains, et il est forcé de se rendre. On lui lie les mains, et on lui met les fers aux pieds. Comme il se plaignit de lassitude, on le fit monter sur une charrette que l'escorte entoura avec soin. Vers le soir, il arriva à Serdonna, et le juge du lieu ordonna de le faire partir le lendemain pour Messine.

Vers le matin, on le tira de sa prison pour le conduire au lieu de sa destination. Un officier de milice lui donna un billet, en le priant de le lui rendre lorsqu'il l'aurait lu; il l'ouvre et y lit ces mots :

« Tu as soutenu l'épreuve, ne doute point des secours de ton amie. »

Il rendit le papier. On le fit monter dans une voiture entourée d'une forte escorte, et l'on se mit en route.

A la chute du jour, au milieu d'un étroit vallon, il partit, du bois qui le bordait, une décharge de mousqueterie sur l'escorte de Rinaldo. Le combat s'engagea vivement, mais enfin l'escorte fut mise en déroute. Des hommes dont il ne put distinguer les traits, brisèrent ses liens, le firent monter sur un cheval qu'ils lui présentèrent, et partirent avec lui au grand galop.

Déposé dans un ermitage, il y rencontra Olimpia, qui l'instruisit que c'était à elle-même à qui il devait sa délivrance.

Le lendemain, il prend un fusil, quitte sa retraite et Olimpia qu'il avait surprise couchée avec un beau jeune homme.

Après avoir fait quatre ou cinq lieues, il aperçut le château de la comtesse de Mortagno, où il s'arrêta quelques jours, et où il fut encore le héros de quelques aventures un peu trop merveilleuses pour qu'on puisse y ajouter foi; ce qu'il y a de certain, c'est qu'il rencontra à quelques lieues de ce château, derrière un buisson, son fidèle Ludovico, tellement maltraité, qu'il inspirait en même temps l'horreur et la pitié. Celui-ci lui raconte sa mésaventure, et lui dit que s'étant retiré le soir dans une espèce d'ermitage, il y avait été violemment étrillé par des revenants.

Des muletiers qui descendaient une montagne voisine, et qui allaient charger du sel à Saldona, moyennant un prix convenu, placèrent sur une de leurs mules Ludovico, qui fut très-content de se trouver sous une pareille escorte.

Arrivé à Saldona, Rinaldo, après avoir fait habiller Ludovico, se remit en route. Avant d'arriver à Mérona, ils rencontrèrent deux hommes conduisant des mulets; Ludovico les reconnut pour appartenir à la bande de Luigino.

Ceux-ci lui rapportèrent que Luigino avait partagé son corps en deux; « il en commande la moitié, et l'autre partie est sous les ordres d'Amalato. Ayant été coupés de l'une de ces bandes, et ne pouvant joindre nos camarades, nous travaillons pour notre compte jusqu'à nouvel ordre. » Avez-vous une retraite? leur demanda Rinaldo.

— Oui, dans les rochers escarpés, et, pour ainsi dire, inabordables.

— Je vais avec vous; et il prit avec eux le chemin des rochers, où il trouva la petite troupe rassemblée, qui, au bout de quelques jours, s'augmenta encore de quelques gens de Luigino.

Rinaldini, se voyant à la tête de vingt-cinq hommes, dirigea sa marche par la chaîne des montagnes qui se trouve derrière Saldona, et établit son camp dans un vallon profond et désert, qui était dominé par des rochers très-escarpés.

Il y était depuis quelques jours, lorsque plusieurs de ses gens, qu'il avait mis en védette, vinrent l'avertir qu'on entendait des chevaux s'avancer.

Peu d'instants après, on vit arriver, à la lueur des flambeaux, quatorze cavaliers habillés de noir, qui escortaient un carrosse attelé de six mules.

Après avoir fait ses dispositions, Rinaldo alla à leur rencontre, et leur demanda ce que renfermait la voiture qu'ils conduisaient.

— Nous n'avons rien à vous répondre, lui cria-t-on.

— Aussitôt Rinaldo fit feu sur le conducteur du carrosse; vingt-cinq coups de fusil de ses gens partent en même temps. Huit des cavaliers tombèrent de cheval. Les autres, ayant déchargé leurs pistolets sur Rinaldo et sa bande, s'éloignèrent au grand galop. Celui-ci ne perdit que deux hommes dans cette affaire. S'étant approché de la voiture, il ne vit dedans qu'un cercueil. Les bandits s'emparèrent des sept chevaux qui étaient restés sur le champ de bataille.

Bientôt le son des trompettes dans l'éloignement, et le tocsin qui sonnait l'alarme dans tous les villages, se firent entendre.

Fuyons, fuyons, dit Rinaldo! Emmenons la voiture, et gagnons les montagnes. Il se jette aussitôt sur un cheval que lui présente Ludovico, et, suivi de plusieurs des siens, il s'avance rapidement vers le défilé.

Parvenue, à la pointe du jour, dans un vallon, la petite troupe s'y arrêta.

Rinaldo fit tirer le cercueil de la voiture; il était extrêmement lourd. On enleva le couvercle, et l'on vit, avec autant de surprise que de satisfaction, qu'il était rempli d'or et d'argent. Il fit aussitôt le partage de cette riche prise, et ne retint pour lui qu'un cheval et trois cents ducats.

Comme vraisemblablement on va nous poursuivre, dit-il à ses gens, il faut nous séparer. Il les divisa alors en petites troupes, et leur indiqua les chemins qu'ils devaient suivre, pour trouver l'endroit où s'était retiré Luigino, et promit de les y rejoindre. Ensuite montant à cheval avec Ludovico et Jordano, ils prirent tous trois la route de Nisetto.

Après quelques heures de marche, ils rencontrèrent une voiture, dans laquelle était Olimpia, à côté d'un inconnu. Bientôt un nuage de poussière leur annonça des cavaliers. C'était un détachement de dragons. L'officier qui les commandait, demanda à Rinaldo comment il se nommait.

— Je suis un voyageur, d'une des premières familles de Naples; je m'appelle le baron de Tegnano: ces deux hommes que vous voyez, sont mes valets.

— Vous avez sans doute un passe-port?

— Oui, certainement! et, qui plus est, des lettres de recommandation du gouverneur de Nisetto, dont j'ai l'honneur d'être le neveu.

— Vous avez bien fait de vous mettre en règle; car vous seriez arrêté, partout où il y a des militaires, et vous en rencontrerez sur votre route.

— Que craint-on? Redoute-t-on la descente de quelques corsaires barbaresques.

— Non; ils sont trop éloignés de nos côtes. Mais les environs sont infestés de brigands. On dit même que le fameux Rinaldo est à leur tête.

— On me l'avait bien assuré, mais je ne pouvais pas le croire.

— Rien n'est cependant plus vrai. Il existe aussi une autre troupe de scélérats; on ignore encore si elle appartient à ce fameux chef. Ces bandits portent des habits noirs, faits comme ceux des moines, et répandent l'alarme et la terreur dans ces cantons. Vous avez raison d'être bien armé, ainsi que vos valets; si vous le désirez, je vous fournirai une escorte.

— Je vous en remercie avec reconnaissance; car je présume n'en avoir aucun besoin.

— Vous n'avez pas d'idée de ces scélérats; un fort détachement de troupes, soit à pied, soit à cheval, n'est pas toujours en sûreté devant eux; ils se battent en désespérés. Acceptez la moitié de mon monde.

— Non, je vous rends mille graces.

— Vous allez à Molano.

— Oui, et j'y vais pour affaire urgente.

— Vous en êtes peu éloigné; nous venons de nettoyer cette route, sans cela je ne vous laisserais pas aller seul.

— Vous avez bien des bontés.

— Je vous souhaite un bon voyage.

— Je vous salue cordialement.

Et ils se séparèrent. Rinaldo, avec ses deux bandits, doubla le pas, non pour se rendre à Molano, comme il l'avait dit à l'officier, mais il appuya sur la gauche, pour chercher une retraite dans les montagnes. Vers midi, ils entrèrent dans un village qui se trouvait sur leur route. A quelques pas plus loin, se présenta un couvent de Camaldules, où l'on recevait les voyageurs. Ils y entrèrent pour dîner.

Pendant que l'on préparait le repas, Rinaldo sortit pour admirer la campagne, au milieu de laquelle était situé le couvent. En s'approchant d'un épais buisson, il est assailli par des gens qui étaient cachés derrière. On s'élance sur lui, on le terrasse, on le lie, et on l'emporte. Quand on eut fait une centaine de pas, on s'arrêta; et, à un signal donné, une trappe couverte de gazon se lève. Rinaldo et ceux qui l'avaient arrêté, descendirent quelques marches d'un escalier très-sombre, et la trappe se referma sur eux. Ils montèrent un autre escalier, aussi fermé d'une trappe, et parvinrent enfin dans une cour assez vaste. Là, après avoir désarmé notre chef de brigands, ils le délièrent. Rinaldo ayant demandé où il était, on lui répondit qu'il le saurait avec le temps.

Un concierge se présenta devant lui avec trois clefs, et lui dit :

— Voilà les clefs de trois chambres qui vous sont destinées dans ce château...

— Des chambres !

— Oui.

— Je ne suis donc pas en prison ?

— Non, sans doute ; une telle demeure n'est pas faite pour monsieur le baron.

— Tu sais donc qui je suis ?

— Tout ce que je sais, c'est que j'ai reçu les ordres de vous servir, et que vous êtes un baron dont on ne m'a pas dit le nom.

— Mais enfin, quel est le château dans lequel je me trouve actuellement ?

— Je l'ignore.

— Au pouvoir de qui suis-je ici ?

— Je le sais encore moins.

— Quelles sont les instructions que l'on t'a données sur ce qui me concerne ?

— Ecoutez, voici ce qu'on m'a dit : tu prépareras à monsieur le baron les trois chambres que l'on t'a désignées ; tu le serviras, tu lui tiendras compagnie, si c'est son bon plaisir ; s'il ne le veut pas, tu te retireras chez toi : ta femme fera la cuisine pour monsieur le baron, vous aurez soin

2*

surtout qu'il ne lui manque rien. Quànt au reste,
vous attendrez de nouveaux ordres.

— Comment! je ne puis savoir le nom du propriétaire de ce château?

— Par moi, cela est impossible.

— Il semblerait que je suis enfermé ici comm
prisonnier d'état.

— Cela peut être : je ne sais ni pourquòi, ni
comment vous y êtes venu.

Trois jours s'écoulèrent sans qu'il vît personne,
autre que le concierge. Le soir du quatrième,
étant sur son lit, on ouvrit la porte de sa chambre.
C'était une femme entièrement voilée, qu'il reconnut bientôt pour être Olimpia.

A la suite d'une courte conversation, elle lui
annonça que sa Rosalie était morte. Sois heureuse,
ame douce et bonne! s'écria Rinaldo; c'est un
bonheur pour toi d'avoir quitté ce séjour de douleurs ; et moi, j'espère aussi jouir de la même
félicité.

Il cacha son visage dans ses mains, et versa un
torrent de larmes. Olimpia sortit.

Vers le milieu de la nuit, il fut réveillé par un
léger bruit qui se fit entendre dans sa chambre;
il ouvre les yeux, et voit avec étonnement sept
bougies allumées sur une table. Autour étaient
assis Cinthio, Néro, Ludovico, Jordano, Luigino,
Olimpia et Eugénia. Des bouteilles et des verres
étaient aussi sur la table.

Il apprit qu'il devait la vie, ainsi que celle de
ses camarades, au magicien Fonteja, qu'accompagnait Olimpia.

On parla ensuite de l'expédition de Corse, à la tête de laquelle devait être Rinaldini. Nous sommes ici, dit Luigino, cinq cents hommes. En Corse, sept cents amis nous attendent ; sans compter ceux qui se joindront à nous. C'est le fort Ajalo que nous attaquerons le premier. La terreur s'emparera des Génois, quand ils sauront avoir en tête le redoutable Rinaldo et toute sa bande. Nous verserons notre sang pour rendre la liberté aux braves Corses opprimés. Des obélisques immortaliseront nos noms, et l'histoire les transmettra à la postérité la plus reculée. L'univers dira un jour : Si la Corse ne gémit plus sous le joug d'une domination étrangère, elle le doit à des hommes que l'on nommait des brigands.

Rinaldo écoutait en silence ce discours, pendant lequel les verres se vidaient fréquemment.

Le lendemain, Astolfe, frère d'Olimpia, et lui, montèrent à cheval et se mirent en route. Quelques-uns de leurs gens les suivaient à une certaine distance.

Arrivés à Sutera, où ils restèrent quelques jours, ils prirent le chemin de Syracuse, et, laissant la ville sur la gauche, ils suivirent le chemin qui conduisait aux plaines de Marsala, et s'arrêtèrent dans une maison de campagne ; Astolfe dit alors à Rinaldo : Tu es ici en sûreté, tu peux y vivre tranquille jusqu'à l'instant de l'embarquement. Adieu, j'espère te revoir bientôt, et il partit.

Rinaldo resté seul dans la maison, y trouva tout

ce qui pouvait lui être nécessaire. Un jardinier, avec sa fille, lui tenaient compagnie et le servaient.

La fille du jardinier, Séréna, restait presque tout le jour auprès de Rinaldini; elle le suivait dans ses promenades, lui contait des histoires de chevalerie, de revenants et de sorciers, et lui chantait les anciennes romances des troubadours. Quelquefois il l'accompagnait avec sa guitare.

Trois semaines s'étaient écoulées depuis qu'il était dans cette maison de campagne, lorsqu'un messager vint lui apporter une lettre. Elle était de Cinthio. Celui-ci lui faisait amicalement des reproches de ce qu'il n'avait pas encore été voir ses amis qui étaient dans les montagnes voisines. Rinaldo fit réponse qu'il s'y rendrait incessamment. Le messager parti, il alla se promener sur le bord de la mer; il y vit quelques pêcheurs qui préparaient leur barque pour passer à l'île de Pantaliéra. Ayant pris tout-à-coup la résolution de visiter cette île, il leur demanda : Quand partez-vous?

— Demain matin, deux heures après le lever du soleil.

— Je partirai avec vous. En attendant, voilà pour boire à ma santé.

Le lendemain, il prend son linge, ses bijoux, rassemble tout ce qu'il a d'argent, se revêt de ses armes, et quitte sa demeure, ne regrettant que sa chère Séréna; arrivé au port, il monte dans la barque, et le voilà en pleine mer. Vers le soir, on aperçut des lumières dans le château de l'île. Le lendemain, à la pointe du jour, on s'approcha de la ville. Rinaldo descendit pour reconnaître le pays. Après avoir traversé un petit bois d'oliviers. il aperçut à quelque distance une petite maison de campagne très-agréable ; il y tourna ses pas. A la porte était une paysanne qui chantait en travaillant. Après avoir lié conversation avec cette femme, et s'être insinué peu-à-peu dans sa confiance, il lui dit; J'aurais presque envie de passer ici deux ou trois mois : où pourrais-je établir ma demeure? pourrais-je rester chez vous?

— Pourquoi non. J'ai deux petites chambres qui ne me servent pas, vous pouvez les occuper ; mais je vous préviens qu'il faut bien vous conduire.

— Ne craignez rien, Marthe, c'était le nom de la femme ; vous n'aurez jamais à vous plaindre de moi. Je vivrai seul et tranquille. Si je puis vous aider dans quelques-uns de vos travaux, je le ferai avec plaisir.

Marthe fit voir à Rinaldo les deux petites chambres, qui lui plurent beaucoup. Le marché fut bientôt conclu, et il paya trois mois du loyer d'avance.

Rinaldo travailla au jardin, aux vignes ; rentré dans la maison, il s'occupait des soins du ménage: Marthe était enchantée de son locataire.

Un soir, en revenant des champs, il s'assit sur un banc qui était à la porte de sa demeure. Marthe vint l'y rejoindre, et il s'établit entre eux le dialogue suivant :

Je n'aurais jamais cru qu'un mousieur comme

vous se serait livré avec autant d'activité aux travaux champêtres. On jugerait en vous voyant que vous êtes né dans cette île, et que vous avez été élevé dans ces travaux.

— Efforcez-vous de vous le persuader, ma chère Marthe. C'est le plus grand plaisir que vous puissiez me faire.

— On croit souvent des choses moins vraisemblables ; mais dites-moi, où avez-vous donc appris à si bien connaître l'agriculture ?

— Je m'en suis long-temps occupé dans ma jeunesse.

— Il faut bien que cela soit, puisque vous y montrez tant d'aptitude et de connaissances. Vous n'êtes donc pas Sicilien ?

— Non, je suis né sur les confins de cette partie de la Suisse qui touche à l'Italie ; mon père, qui aimait l'agriculture par goût, avait à la campagne des biens assez considérables qu'il se plaisait à faire valoir lui-même.

— N'avez-vous pas été son héritier ?

— J'ai partagé ses biens avec un seul frère que j'avais ; mais le désir de parcourir le monde me détermina à vendre ma part. Je voyageai dans toutes les parties de l'Europe, je vis quelques contrées des trois autres continents. Je suis las aujourd'hui de tant de courses ; cette île me plaît, et j'ai la plus grande envie d'y fixer ma demeure et d'y terminer mes jours.

— Rien n'est plus facile ; vous avez de l'argent comptant, achetez une petite maison avec quelques terres qui en dépendent ; et mariez-vous, si vous êtes encore libre ; car je ne veux pas pénétrer dans vos secrets.

— Vous êtes de bon conseil, et je pourrai suivre quelques-uns de vos avis.

— Je m'offre de vous chercher une femme qui puisse vous convenir ; de ma main, je puis vous assurer que vous aurez un ange de vertu.

— Croyez-moi, nous avons le temps d'y songer ; en attendant je demeurerai chez vous.

— Les voisins en jaseront peut-être, mais cela ne les regarde pas. Nous avons tous les deux la conscience pure.

— Sur ce point, oui.

— Et sur tous les autres aussi, n'est-il pas vrai ? la mienne l'est du moins ; la vôtre aussi ?

— Pourquoi pas ?

— Ne vous fâchez pas.... C'est que, sans cela, je ne voudrais pas demeurer avec vous sous le même toit. Une mauvaise conscience apporte toujours le désordre et la ruine dans une maison.

Rinaldo, que ce discours n'amusait pas beaucoup, détourna la conversation, et retourna ensuite au travail.

Il se proposait de terminer ses jours dans cette île ; mais le sort en avait ordonné autrement. Des bruits sourds qui circulaient dans le peuple, au sujet de Rinaldo, que l'on disait réfugié à Pantaliéra, le déterminèrent à quitter cet endroit ; sans en avertir Marthe, il loue une barque de pêcheur, et, dans la nuit, à l'aide de deux excellents rameurs, il s'éloigne rapidement de l'île.

Après cinq heures de navigation, il débarque

sur une côte solitaire; il marche quelque temps, le cœur gonflé de tristesse. Tout-à-coup il aperçoit de loin un grand nombre de soldats siciliens. Effrayé, il quitte le sentier qu'il suivait, et, appuyant sur la droite, il gagne un petit taillis qui se trouvait sur un monticule; en se retournant, il découvre dans le vallon un détachement de dragons qui s'avance vers lui. Une maison de campagne, à une distance peu éloignée, se montre à sa vue. Il y dirige ses pas. La porte du jardin était ouverte. Il entre. Un inconnu sort d'un pavillon, et vient au-devant de lui. C'était le prince de Roccella. Ils s'entretenaient ensemble, lorsque le jardinier, entrant hors d'haleine, annonça que le jardin et la maison étaient entourés de soldats siciliens.

Je suis découvert, dit Rinaldo au prince, et je ne puis échapper au supplice si je suis arrêté. Il ne me reste plus qu'à vendre chèrement ma vie.

Un officier du détachement s'approche, et lui fait observer que la résistance est inutile.

— Peu m'importe, dit Rinaldo, ma résolution est prise, et je ne veux point monter sur l'échafaud.

— Peut-être en révélant le nom de vos complices, vous pourriez.....

— Non, monsieur; Rinaldo est incapable d'une telle lâcheté, et, puisqu'il faut périr, je périrai les armes à la main.

L'officier s'éloigne de quelques pas, et donne ses ordres. Rinaldo, un pistolet à chaque main, et son sabre entre les dents, attend de pied ferme qu'on vienne à lui. Six soldats s'approchent pour le saisir, car on voulait le prendre vivant; Rinaldo fait feu de ses deux pistolets, et, reprenant son sabre, il commence à se battre en désespéré. L'officier, voyant qu'on ne pourrait guère le capturer, ordonne de tirer. Plusieurs coups de fusil partent au même instant, et Rinaldo, frappé à mort, tombe noyé dans son sang.

MAKANDAL.

MAKANDAL, né dans une des contrées de l'Afrique, qui sont adossées au mont Atlas, appartenait à une famille distinguée, et avait reçu de l'éducation; il savait lire et écrire en langue arabe, il aimait passionnément la musique, la peinture et la sculpture, et connaissait tous les secrets de la médecine de son pays, qui consiste dans le choix des plantes si utiles et si dangereuses à la fois, qui croissent sous la zône brûlante qui s'étend entre les tropiques. Ce fut avec la connaissance de ces plantes qu'il se rendit si redoutable.

Enlevé à son pays avant d'avoir atteint sa douzième année, Makandal fut transporté à Saint-Domingue, et vendu à un colon des environs du Cap-Français. Né avec un tempérament ardent et une ame brûlante, il travaillait avec une telle activité, que son maître le citait pour exemple.

Aimé et considéré de tous les autres nègres de l'habitation dont il était devenu le bienfaiteur, il dirigeait leurs fêtes, était l'ame de leurs plaisirs, leur médecin et leur consolateur, lorsqu'ils éprouvaient des peines morales et physiques. Partout où était Makandal, régnaient la paix, la joie et le bonheur. Tous les calendas (1) étaient tristes, si Makandal n'y était pas.

Aveo un caractère comme celui de ce nègre, il était difficile que l'amour n'entrât pas dans son cœur, et que ce sentiment ne s'y développât avec une espèce de fureur. Il avait quinze ans lorsqu'une jeune et très-jolie négresse de l'habitation où il était esclave, devint l'objet de son amour. Malheureusement il avait pour rival son maître, qui avait annoncé à la négresse ses prétentions sur elle. Celle-ci, très-embarrassée, pencha néanmoins pour son égal, et le maître fut rebuté.

Le maître, furieux de ce qu'on lui préférait un esclave, résolut de s'en venger. La haine rend injuste et finit par rendre cruel. Le colon, n'ayant aucune raison pour punir son rival, en chercha le prétexte. Un jour, au milieu d'une plantation nouvelle de cannes de sucre, dans laquelle Makandal travaillait, il lui ordonna de se coucher par terre, et de recevoir cinquante coups de fouet. Le nègre, révolté de l'injuste châtiment qu'on voulait lui faire subir, jeta au loin les instruments de son

---

(*) Sortes d'assemblées de danseurs composées de nègres et de négresses.

travail, et prit sa course vers les montagnes. Après s'être réuni aux nègres *marrons*, Makandal chercha à s'en faire respecter et à s'en faire craindre ; et, à l'aide de ses connaissances et de ses talents, il parvint facilement à ce but. Il avait sculpté avec beaucoup d'art, au bout d'un bàton d'oranger, une petite figure humaine, qui, lorsqu'on la touchait au-dessous de la tête, remuait les yeux et les lèvres, et paraissait s'animer. Il disait aux nègres que cette figure répondait à ses questions, et rendait des oracles. Il passa pour prophète auprès de tous les nègres de la colonie, et d'autant plus facilement qu'il prédisait la mort d'un individu, et que cette mort arrivait le jour qu'il avait indiqué. La grande connaissance qu'il avait des simples, lui fit découvrir à Saint-Domingue plusieurs plantes vénéneuses, et c'est avec ces poisons qu'il s'acquit un grand crédit. Il tuait à cinquante lieues des montagnes qu'il habitait, tel nègre ou telle négresse qu'il avait désigné. On l'adorait, et l'on adorait sa fétiche.

Lorsque Makandal voulait faire périr quelqu'un, il chargeait un pacotilleur de ses amis de présenter à cette personne un fruit ou un cantaloup, qu'il lui remettait, en lui annonçant la mort de celui qu'il lui indiquait. Le pacotilleur, au lieu de penser que Makandal eût empoisonné le fruit, tremblait au pouvoir de sa fétiche, et exécutait ponctuellement l'ordre du prétendu prophète, sans oser en parler à personne ; la victime expirait, et tous les nègres étaient émerveillés de la prescience de Makandal.

Tous les esclaves de la colonie et tous les nègres libres accouraient à lui pour être guéris ou vengés. Malheurs aux ennemis de ses amis! Malheur surtout à ses rivaux, à ses maîtresses rebelles ou infidèles! aucune de ces personnes n'échappait à sa vengeance, à sa haine et à sa cruauté. Il ne commettait pas toujours ses crimes lui-même; deux nègres, marrons comme lui, et qui lui étaient aveuglément dévoués, étaient les exécuteurs de ses volontés.

C'est dans les hautes montagnes que Makandal se retirait pendant le jour, et qu'il rassemblait, avec les deux ministres de ses vengeances, un grand nombre de nègres déserteurs. Ils avaient sur le sommet presque inaccessible de ces montagnes, leurs femmes, leurs enfants, avec des plantations très-bien cultivées. Quelquefois Makandal ordonnait à des bandes de nègres marrons de descendre dans la plaine, de ravager les habitations qu'il leur désignait, et d'exterminer ceux des nègres qui avaient désobéi au prophète.

Ce fut cependant un nègre qui trahit et livra ce monstre à la justice.

Zami, jeune esclave, âgé d'environ dix-huit ans, devint amoureux d'une jeune négresse du Congo, nommée Samba, qui ne tarda pas à partager la vive passion qu'elle avait fait naître. Les deux amants se donnèrent secrètemeut plusieurs rendez-vous. Leur bonheur durait depuis six mois, lorsque Samba s'aperçut qu'elle devenait mère. Elle fit part de cette découverte à Zami, qui en témoigna les transports de joie les plus vifs : il était encore dans l'enchantement, lorsqu'en rentrant dans sa case, il trouva Makandal qui le cherchait. Makandal ignorait l'amour et le bonheur de Zami, et voici le discours qu'il lui tint :

« Zami, tu connais la puissance terrible de ma
» fétiche.... réjouis-toi donc d'avoir trouvé grace
» devant elle, et mérite sa confiance. Rends-toi
» dans l'habitation de la négresse Samba, qui
» jusqu'à présent a dédaigné les vœux de tous ses
» admirateurs, et qui depuis une année m'humilie
» moi-même par de constants refus. Demande-lui
» l'hospitalité; dans l'instant qu'elle voudra man-
» ger, répands adroitement dans son cantaloup
» la poudre que voici. Elle doit donner la mort
» à Samba. »

En même temps il lui remit la poudre fatale enfermée dans un morceau de feuille de bananier.

Zami, frappé de ces paroles comme d'un coup de foudre, se jeta aux pieds de Makandal, et lui dit en versant un torrent de larmes :

« O Makandal ! apprends que j'adore Samba,
» que j'en suis tendrement aimé, et que son amour
» va bientôt faire donner le titre de père à l'infor-
» tuné Zami. »

En parlant ainsi il embrassait les genoux de Makandal. Ce nègre féroce, furieux de trouver un rival préféré, tirait déjà son coutelas, et allait immoler le pauvre Zami, lorsqu'il entendit la voix du commandeur, qui appelait les esclaves au tra-vail : il n'eut que le temps de fuir, mais il laissa dans les mains du jeune nègre la poudre empoi-sonnée.

La journée lui parut d'une longueur insupportable. Dès que le travail eut cessé, il franchit l'intervalle qui le séparait du lieu du rendez-vous. Samba n'y était pas. Il l'attendit au bosquet d'orangers. Son impatience de la voir arriver était extrême. Voyant enfin que l'heure du rendez-vous était passée, de noirs pressentiments le tourmentèrent; il vola vers la demeure de sa bien-aimée.

Qu'on se figure l'effroi, la douleur, le désespoir du malheureux Zami, lorsqu'en approchant de la case, il entendit les gémissements de plusieurs négresses. Il entre en tremblant; il voit Samba étendue sur une natte, et luttant contre la mort : il se précipite sur elle; Samba l'entend, tourne vers lui ses yeux éteints, et expire en prononçant le nom de Zami. Cet amant désespéré tombe sans connaissance à côté de l'objet de son amour. Revenu à lui, il questionne les négresses sur la mort subite de sa maitresse. Il apprend qu'une négresse marchande était venue à l'habitation, et avait dîné avec Samba. Il voit d'où part ce coup fatal, et jure d'en punir l'auteur. A peine fait-il jour, qu'il court à la ville, raconte tout ce qu'il savait du projet infernal de Makandal, remet la poudre, qu'un chimiste français décomposa, et reconnut pour un poison très-violent. On frémit du péril qui menaçait la colonie entière. Sur-le-champ on mit toutes les maréchaussées en campagne, pour se saisir de Makandal. Leurs recherches furent infructueuses, et l'on désespérait de réussir, lorsque Zami s'offrit pour l'arrêter.

Il ne s'arma que d'une petite massue de bois de gayavier, et il alla se mettre en embuscade dans le défilé de la montagne sur laquelle Makandal se retirait. Il l'attendit inutilement pendant cinq jours ; enfin le sixième, avant que l'aube du jour parût, il l'entendit marcher avec deux nègres marrons ; Zami, fond sur eux et assomme les deux nègres. Makandal tire son coutelas pour frapper Zami ; celui-ci le prévient : d'un coup de massue il lui fait tomber l'arme de la main, et le terrasse lui-même. Sans lui donner le temps de se reconnaître, il lui attache les bras derrière le dos, et le conduit au Cap.

L'instruction du procès fit découvrir que les projets de Makandal étaient de détruire sourdement, par le poison, les maîtres des plantations, ou de les ruiner en faisant périr tous les esclaves qui leur paraissaient attachés, et enfin d'exterminer la race des blancs par un massacre général, qui le rendait le souverain de l'île.

Ce monstre ne voulut faire aucun aveu, et il conserva jusque dans les flammes son audace et son fanatisme. Lorsqu'on lui lut l'arrêt qui le condamnait à être brûlé vif, il annonça fièrement que son corps serait respecté par le feu ; qu'au lieu de mourir, il allait changer de forme, et qu'il resterait toujours dans l'île, ou en maringouin, ou en oiseau, ou en serpent, pour veiller sur sa nation. Les nègres ignorants qui l'entendirent, furent persuadés que sa fétiche le sauverait. Une circonstance singulière parut même un instant favoriser sa prédiction.

On avait planté dans la terre un poteau autour
duquel on dressa le bûcher de Makandal. On l'at-
tacha avec un carcan à ce poteau. Les efforts qu'il
fit, lorsqu'on mit le feu au bûcher, furent si
violents, qu'il arracha le poteau, et qu'il marcha
dix à douze pas au milieu de la foule ébahie. Tous
les nègres criaient au miracle; mais un soldat qui
était à côté, lui prouva d'un coup de sabre qu'il
était plus puissant que lui, et on le rejeta dans le
bûcher.

DICK ADAMS.

Ce voleur fameux naquit dans le comté de
Glocester, en Angleterre, de parents peu for-
tunés. Son éducation fut celle des gens de sa
condition, et il paraissait destiné à embrasser
l'humble profession de son père, lorsqu'il fut
tout-à-coup saisi du désir violent de se rendre
à Londres; il vint donc dans cette capitale,
malgré les représentations que lui firent ses
parents, et entra au service d'une duchesse.
Deux ans s'écoulèrent, après lesquels la conduite d'Adams ne paraissant pas régulière, il
fut chassé. Le rusé voleur avait prévu ce dénouement, et il s'était mis en mesure pour ne pas partir
les mains vides : il possédait une double clef de
toutes les issues de la maison. Le jour même où
il fut chassé, il se rendit en toute hâte chez un

marchand de soieries du voisinage, lui dit que la duchesse devant se rendre à la cour le lendemain, elle le priait de lui envoyer une certaine quantité des étoffes les plus riches, afin qu'elle pût choisir. Le marchand rassembla à la hâte ce qu'il avait de plus nouveau et de plus précieux, en fit un ballot dont il chargea un commis, lequel suivit Adams, qui, arrivé à l'hôtel de la duchesse, introduisit à l'aide de ses fausses clefs le commis dans une espèce d'antichambre.

— Donnez-moi ce paquet, lui dit-il, et attendez-moi ici : la duchesse va faire son choix.

Le commis lui livra les marchandises sans défiance, et Adams sortit par une autre porte ; et l'on devine qu'au lieu de se rendre près de son ancienne maîtresse, il descendit lestement un escalier dérobé, et s'enfuit avec sa proie. Un mois s'écoula pendant lequel Dick mena joyeuse vie ; mais, un soir qu'il avait bu un peu plus que de coutume, il fut assez mal inspiré pour passer devant la boutique du marchand de soieries ; celui-ci l'ayant reconnu, le saisit au collet en appelant du secours, et s'en rendit maître avec l'aide de ses commis.

— Maintenant que je vous tiens, maître fripon, disait le marchand, je vous ferai payer cher votre audace, et il faudra bien que vous me donniez des nouvelles des marchandises que vous m'avez volées, qui valaient au moins deux cents livres. (5000 francs.)

Dick fut d'abord interdit et ne put répondre un mot, mais regardant autour de lui et apercevant la voiture de l'évêque de Londres qui s'avançait de ce côté, il dit au marchand :

— Je sais que j'ai eu des torts envers vous ; mais ce n'est qu'une étourderie de jeunesse, et j'aperçois fort heureusement la voiture de mon oncle l'évêque qui ne voudrait pas que son neveu fût déshonoré pour une pareille misère. Accompagnez-moi, et le prélat va vous indemniser convenablement.

Le marchand n'avait garde de refuser la proposition. Adams s'avança vers la voiture, et dit au cocher d'arrêter ; et, s'étant approché de la portière, il demanda à l'évêque la permission de lui dire quelques mots. Le prélat voyant un homme de bonne mine et fort bien couvert, lui dit de s'expliquer.

— Monseigneur, dit Adams, l'homme que votre grace voit à deux pas de moi, est un riche marchand de soieries, homme de bien sous tous les rapports, qui a eu le malheur de lire un grand nombre d'ouvrages de théologie, ce qui lui a quelque peu troublé la raison ; il assure que sa consience ne sera en repos que lorsque votre seigneurie aura bien voulu l'éclairer sur plusieurs points importants.

— Je le ferai volontiers, dit le prélat ; amenez-moi cet homme demain matin.

— Ah ! monseigneur, il s'estimerait bien heureux s'il entendait ces paroles de votre propre bouche.

L'évêque ne crut pas devoir refuser une chose si simple ; il fit donc signe au marchand qui s'approcha aussitôt, et lui dit :

— Ne vous mettez point en peine; je sais maintenant de quoi il s'agit, et je vous satisferai demain entièrement.

Le marchand, très-content de l'aventure, se confondit en remercîments, et, bien loin de traiter en filou le neveu de l'évêque, il voulut absolument diner avec lui. Dick accepta, fit bonne contenance, et ils se séparèrent les meilleurs amis du monde. Le lendemain, Adams, qui eût dû se trouver satisfait d'être sorti de ce mauvais pas, se présenta hardiment chez le marchand.

— J'ai pensé, dit-il, qu'il vaudrait peut-être mieux que je vous conduisisse moi-même chez mon oncle, et j'accours en toute hâte. Je suis même sorti de chez moi si précipitamment que j'ai oublié de prendre ma bourse : vous allez donc me faire le plaisir de me prêter quelques guinées que vous porterez sur le mémoire; le prélat n'est pas homme à élever la moindre difficulté pour si peu de chose.

Le marchand, entièrement rassuré, lui remit dix guinées; ils partirent ensuite, et arrivèrent bientôt à l'hôtel du prélat, qui ne tarda pas à faire introduire le marchand dans son cabinet.

— Eh bien! mon fils, dit le prélat, il paraît que vous avez l'esprit inquiet.

— Je l'ai eu, il est vrai, monseigneur; mais je suis bien plus tranquille depuis que votre seigneurie ma promis de me satisfaire..... Voici le mémoire, et je vous prie de croire que je vous compte chaque article au plus juste prix; car il me serait impossible d'en rabattre un shilling.

— Qu'est-ce à dire? s'écria l'évêque; vous prétendez que j'acquitte ce mémoire?

— J'espère que votre seigneurie voudra bien m'en faire compter le montant, ainsi qu'elle me l'a promis hier.

— Vraiment je ne m'étonne pas que vous n'ayez point la conscience en repos, puisque vous voulez me faire payer des choses que vous ne m'avez pas fournies.

— Votre seigneurie n'a-t-elle pas pris l'engagement de me satisfaire sur tous les points?

— Certainement; sur tous les points, en matière de religion.

— Votre neveu s'est exprimé tout différemment, et vous devez savoir que c'est par égard pour votre seigneurie que je n'ai pas fait jeter en prison un de vos parents, ainsi que j'en avais le droit.

— Mais je n'ai pas de neveu, dit le prélat.

Le marchand comprenant qu'il était une seconde fois fois la dupe d'un adroit voleur, sortit précipitamment du cabinet de l'évêque: mais Dick etait déjà bien loin.

A quelque temps de là, Adams s'engagea dans les gardes-du-corps; puis il devint le chef d'une bande de voleurs de grand chemin.

Un jour qu'il venait de dépouiller un voyageur de sa montre et de son argent, il se rappela que l'homme qu'il avait volé avait un habit magnifique, et, comme le sien était en assez mauvais état, il courut au voyageur, l'arrêta de nouveau et lui ordonna de changer son habit contre le sien.

L'échange eut lieu, et Dick satisfait se rendit dans une taverne pour examiner son butin ; mais il s'aperçut alors qu'il avait laissé dans son habit la montre et l'argent du voyageur, et les lui avait ainsi restitués involontairement.

Pour se dédommager il arrêta le soir même une voiture où ne se trouvaient que des femmes qu'il dévalisa sans façon.

— Vous n'avez donc ni conscience ni religion ? lui dit une de ces femmes.

— De la conscience, répondit Adams, j'en ai fort peu, il est vrai ! quant à la religion, c'est autre chose : je suis juif, madame, et vous supposant égyptienne, je prends la liberté de vous débarrasser de vos bijoux, afin de vous traiter comme mes ancêtres traitèrent les vôtres, par ordre de Moïse.

Dick fut arrêté en flagrant délit, un jour que voulant dévaliser un voyageur, celui-ci se trouva secouru à temps par plusieurs passants. Conduit à Newgate, il fut condamné à être pendu en mars 1713, et exécuté quelques jours après. Il montra, à ses derniers moments, beaucoup de repentir et de dévotion.

DAMIEN HESSEL.

Dans les dix dernières années du dix-huitième siècle, et les dix premières du dix-neuvième, de nombreuses troupes d'assassins et de brigands inondèrent les Pays-Bas, le Haut et le Bas-Rhin. Ces bandes avaient à leur tête des chefs déterminés dont le courage égalait la scélératesse. Parmi ces derniers, on remarque DAMIEN HESSEL.

Né à Paderborn, le 3 mai 1774, d'un fabricant de tabac, Hessel fut d'abord destiné au parti de l'église; il fréquenta les basses classes, et conserva quelques réminiscences de latin et de grec; de là ses sobriquets de *bacherlé* et *d'écolier*.

Une étourderie de jeune homme, étant au gymnase de Paderborn, le détermina à abandonner le toit paternel, et à sortir de la ville pour se dérober à la punition qui l'attendait.

Ayant fait connaissance avec un de ces mendiants soi-disant incendiés, il parcourut avec lui les Pays-Bas, et s'engagea ensuite dans le régiment de Wittgenstein, qu'il accompagna dans ses quartiers d'hiver à Marienborn, près Mayence. La vie militaire ne lui plaisant pas infiniment, il écrivit à sa mère pour lui faire part de l'intention qu'il avait de quitter le service, et celle-ci se mit en mouvement pour lui procurer son congé. Elle s'adressa dans cette vue à un cousin qui demeurait à Hanau, et qui décida que la désertion etait le plus court chemin pour arriver à son but. Hessel s'enfuit donc à Hanau, auprès de ce cousin, qui ne put lui procurer un habit; en conséquence, l'uniforme que portait Hessel fut transformé en un frac de petit-maître.

Ce cousin avait une fille de vingt ans, nommée Caroline, pleine d'amabilité et de graces, pour laquelle le jeune Hessel se prit d'une belle passion.

Cette demoiselle avait le goût de la parure, et comme en général on était fort brouillé dans la maison avec l'argent comptant, Hessel fit plusieurs tours d'étudiant pour l'amour de son parent et de sa charmante cousine.

Le cousin, qui se disait baron, et qui était loin d'être dans l'aisance, ayant profité des premiers vols de son jeune parent, l'encouragea à ne pas oublier l'heureux talent qu'il possédait pour mendier sur de faux certificats ; il lui donna même plusieurs adresses pour Francfort, et notre héros rapporta fidèlement chez lui le fruit de ses aumônes et de ses vols.

Dans une de ses excursions à Mayence, il trouva moyen, en servant la messe à la cathédrale, de dérober un petit calice ; mais ayant été surpris par le marguillier, on l'arrêta, et il fut transporté à la tour de la Porte-au-Bois, dans le même cachot d'où il sortit depuis pour aller à l'échafaud. C'était sa première arrestation ; et lorsque, en décembre 1809, la police de Francfort l'eut livré à celle de Mayence, il s'écria d'un ton prophétique, à son entrée dans cette même tour : « Voici mon *alpha* » et mon *oméga*. »

Caroline n'abandonna pas son amant dans l'infortune, et parvint à force de sollicitations à obtenir sa mise en liberté.

A sa sortie de Mayence, Hessel ne songea plus qu'aux moyens de dédommager sa cousine de ses frais de voyage, par quelques nouvelles filouteries.

A Francfort, il servit la messe chez les capucins, et leur déroba deux calices et deux petits vases.

En janvier 1793, il se fit enfermer un matin dans l'église des carmes, et, pendant que les bons pères étaient à table, il s'échappa au travers du cloître, en emportant un crucifix d'argent. Quelques jours après il escamota la montre d'un vieux marquis qui demeurait à Hanau; la montre fut donnée à Caroline, et le produit des vases sacrés dépensé au bal et au spectacle.

Dès-lors les vues d'Hessel commencèrent à s'agrandir; il entreprit des courses jusqu'à Dusseldorf, où, en mendiant sous mille formes différentes, il rassembla jusqu'à vingt-cinq louis.

A Ketwig, sur la Roër, il s'associa à un maquignon, et, pendant que cet homme faisait sa sieste, il lui enleva cent louis sur trois cents qu'il portait dans sa ceinture, et de suite se rendit en poste, par Cologne, Coblentz et Francfort, à Hanau, auprès de ces honnêtes parents, chez qui l'argent frais, fut comme de coutume, dissipé en parties de plaisir.

C'est à peu près vers ce temps qu'Hessel se mêla parmi le peuple et les soldats qui dépouillèrent les maisons des clubistes à Mayence, et qu'il enleva ensuite à un courrier autrichien, qu'il rencontra sur la route d'Aschaffenbourg, la moitié de son argent comptant.

Dans une tentative qu'il fit pour piller le comptoir d'un aubergiste de Hanau, il fut arrêté. La seconde nuit de sa détention, il s'évada au travers des latrines. Il avait jeté d'abord ses vêtements par la fenêtre; puis, ayant lié son mouchoir autour de sa figure, s'était hasardé dans le canal, en étendant ses bras devant lui. Mais il demeura suspendu au milieu du conduit, environ deux heures de suite, sans connaissance, jusqu'à ce qu'un mouvement fortuit le fit tomber jusqu'en bas : le corps tout souillé, ayant à peine l'usage de ses sens, il eut besoin de quelques moments pour revenir à lui, puis il se traîna au bord d'un puits où il se nettoya. Il était déjà minuit passé; il ne perdit pas une minute, et se rendit en hâte à Francfort pour y faire panser ses meurtrissures : Caroline vint l'y voir. En la quittant, il prit le chemin de Mayence; en se promenant dans la grande rue de cette ville, il fut accosté par un officier prussien, qu'il avait eu occasion de rencontrer à Hanau, une fois ou deux, dans des parties de plaisir. On renouvela connaissance; mais, en passant devant un corps-de-garde, l'officier fit saisir Hessel comme un mauvais sujet et un voleur échappé de Hanau. Le lendemain, il fut ramené dans la prison de cette ville, dont, au bout de quatre semaines, il s'évada assez adroitement.

Ayant entrepris un nouveau voyage dans les Pays-Bas, il y vécut d'abord du métier de faux quêteur. Dans la suite il fit connaissance de deux fameux filoux, et dès-lors il fut entraîné dans le torrent de ce qu'il nommait les grandes affaires.

Depuis cette époque la vie de ce scélérat n'est qu'un enchaînement de monstruosités, d'assassinats, de brigandages, de filouteries, de débauches crapuleuses, d'arrestations et d'escapades, dont l'énumération et le développement rempliraient plusieurs volumes.

Arrêté à Francfort, sur l'indication d'un de ses camarades, et désigné comme un des auteurs de la tentative de vol commis à la poste de Mayence, et d'un vol effectué à Frankenhal, il parut devant la cour de justice de Mayence, qui, après une instruction qui remplit plusieurs séances, le condamna à mort, le 29 septembre 1810, avec deux autres chefs de bandes.

Hessel paraissait croire à une sorte de fatalité qui l'avait destiné pour son genre de vie, et à laquelle il n'eût jamais pu échapper. Aussi fit-il la réponse suivante à l'un des interrogats du juge instructeur :

« Dieu nous fait naître et nous envoie sur la
» terre pour punir les avares et les mauvais riches;
» nous sommes une espèce de plaie divine, et d'ail-
» leurs, si nous n'existions pas, à quoi serviraient
» les juges ? »

BRIGANDS ESPAGNOLS.

Nous empruntons à un ouvrage publié par un jeune américain, sous le titre de *une année en Espagne*, le récit suivant qui donne une idée fort juste des brigands qui infectent la péninsule.

L'auteur, officier de marine des Etats-Unis, voyageait pour son plaisir, et se rendait, en ce moment, de Tarragone à Valence, par la dili-

gence. Vers le milieu de la nuit, il fut réveillé
en sursaut par l'interruption subite du mouvement de la lourde voiture, et par le bruit de
plusieurs voix qui faisaient retentir l'air. Voici
comment le jeune officier raconte cette aventure
dans le livre dont nous venons de parler :

« Je m'éveillai en me frottant les yeux, et je
regardai par la portière. La lanterne dont la diligence était munie me permit de voir que le chemin était, en cet endroit, bordé d'oliviers; les
mulets se serraient les uns contre les autres,
dressaient les oreilles, et avaient l'air fort effrayé.
Près de l'une des roues de la voiture, j'aperçus
un homme vêtu comme les habitants des environs
de Valence, et armé d'une carabine avec laquelle
il couchait en joue le conducteur. Le postillon
mit pied à terre et tenta de se sauver, mais il fut
promptement atteint par deux autres brigands qui
le forcèrent de se coucher la face contre terre; le
conducteur fut aussi forcé de prendre cette position et alors il lui fallut répondre aux questions
des brigands qui l'interrogèrent sur le nombre des
voyageurs que contenait la voiture, et sur l'argent
et les armes dont ils pouvaient être munis. Le brigand termina l'interrogatoire en sommant le conducteur de lui remettre sa bourse, ce que celui-ci
s'empressa de faire en suppliant le bandit de ne pas
lui ôter la vie; mais cette prière fut vaine, et,
comme ce scélérat ne voulait probablement pas
user sa poudre ou dégaîner son poignard pour si
peu, il ramassa une pierre, et en frappa violemment à plusieurs reprises la tête de l'infortuné con-

ducteur, qui invoquait tous les saints du paradis, et criait à chaque coup *grace* et *miséricorde*. Le brigand, étonné qu'il eût la vie aussi dure, posa son fusil par terre, prit à deux mains une pierre plus grosse que la première, et recommença à frapper jusqu'à ce que sa victime ne fît plus entendre un gémissement. Le postillon était traité à peu près de la même manière par un autre brigand, tandis que le reste de la bande enrayait les roues de la voiture. L'un d'eux ouvrit ensuite la portière de l'intérieur, et somma les voyageurs de lui remettre leur argent, ce que ceux-ci se hâtèrent de faire; puis, au lieu de venir au cabriolet où je me trouvais, il passa à la rotonde qui contenait six vigoureux étudiants armés de pistolets dont pourtant ils ne firent aucun usage, ne sachant quel était le nombre des bandits auxquels ils avaient affaire. On les fit descendre de voiture, l'un après l'autre; après les avoir dépouillés de tout ce qu'ils possédaient, on les fit coucher la face contre terre.

En ce moment l'un des brigands s'était aperçu que le postillon n'était pas mort, s'avança vers lui, armé d'un long couteau, et le lui enfonça à plusieurs reprises dans toutes les parties du corps. Un jeune prêtre qui se trouvait avec moi dans le cabriolet, faillit s'évanouir, et j'étais moi-même glacé d'horreur; car non-seulement je voyais distinctement tout ce qui se passait; mais j'entendais à chaque coup le bruit que faisait le couteau en pénétrant dans le corps de la victime.

L'assassin ayant terminé cette horrible exécution, vint à la portière du cabriolet, et ayant vainement tenté d'en ouvrir la portière, il nous somma de l'aider dans cette opération. Le jeune prêtre était incapable de faire un mouvement ; quant à moi, quoique je fusse disposé à leur remettre ma montre et tout l'argent que j'avais sur moi, je ne me pressais pas d'obéir, et ce ne fut qu'à une seconde sommation que je fis mine de tenter d'ouvrir la portière ; mais, dans le fait, je la retenais de toutes mes forces, tandis que le brigand la tirait en jurant. Cela ne pouvait durer longtemps, et je courais le risque d'être sévèrement puni de la ruse si elle était découverte ; mais, à mon grand étonnement, le bandit à qui j'avais affaire fit quelques pas en avant, parla à demi-voix à deux de ses compagnons ; puis il appela les autres, et au même instant tous s'enfuirent comme s'ils eussent eu une légions d'alguazils à leurs trousses.

Je m'empressai alors de descendre, et, m'approchant des étudiants qui avaient tous la face contre terre, je leur dis que les bandits étaient partis. Ils se levèrent alors, et commencèrent à chercher leurs armes en jurant que les brigands paieraient cher leur audace ; mais je leur fis observer que cet accès de courage leur venait un peu tard, et que nous n'avions rien de mieux à faire pour le moment que de porter secours au conducteur et au postillon ; mais nous reconnûmes qu'ils étaient morts et nous prîmes le parti de les laisser sur le bord de la route, et de conduire la voiture jusqu'à la ville prochaine, dont nous étions fort peu éloignés.

Notre affaire fit grand bruit dans cette bourgade, grace aux étudiants qui la racontaient à tous venants; les autorités se rendirent sur le lieu où le crime avait été commis, et l'on nous donna une escorte de cavalerie pour continuer notre route. Quels soldats! quels chevaux! quel équipement! L'un portait un chapeau, l'autre un casque, celui-ci un bonnet, celui-là une casquette, et tout le reste répondait à ce rigoureux uniforme; les chevaux maigres et éreintés ne se mettaient au trot qu'à grands renforts d'éperons, ce qui n'empêchait pas les cavaliers de paraître très-fiers de leurs montures, et de faire tout haut des vœux pour la rencontre de quelques brigands; mais je crois qu'ils eussent été gens à faire de leurs carabines l'usage que les étudiants avaient fait de leurs pistolets, et peut-être n'ignoraient-ils pas que les brigands dormaient alors fort tranquillement. Quoiqu'il en soit, nous arrivâmes à Valence sans autre mauvaise rencontre; mais il fallut payer notre escorte; car, dans ce beau pays, à défaut de brigands, le voyageur est rançonné par les soldats, et souvent même par les uns et les autres.

STREITMATTER.

François-Joseph *Streitmatter*, plus connu sous les noms de *Frey, Schweizer Muller, Boë-*

bicher Muller, enfin *Weiller*, dut le jour à un riche meûnier de Boébikon, arrondissement de Zurzach, canton d'Arau, en Suisse, et se maria, à l'âge de seize ans, à une jeune Suisse, aussi belle qu'aimable. Les premiers mois de ce mariage, qu'un moine avait arrangé, furent une suite non interrompue de jours heureux.

Un livre, soigneusement fermé par des sceaux mystérieux, que ce jeune homme trouva chez lui, fut la première source de tous ses malheurs. Il ouvrit, piqué par la curiosité, cette espèce de boîte de Pandore, et il lut, en un style barbare, entremêlé de latin, une méthode complète pour évoquer les esprits, déterrer les trésors, faire de l'or, préparer la panacée universelle, pénétrer dans les mystères du ciel et de l'enfer, apprendre enfin les magies blanche et noire.

Élevé dans le sein de la superstition, et convaincu de l'existence des esprits, des sorciers et des enchanteurs, il fut séduit par l'idée de se rendre maître des génies et des trésors en étudiant la magie blanche. Les charmes même de sa jeune épouse ne purent l'arracher à cette ténébreuse étude.

L'observation des astres à l'heure de minuit, des prières mystérieuses au premier coup de cloche qui annonçait cette heure, une réserve silencieuse à l'égard de tout le monde, une sévère privation de tous les plaisirs de l'amour, telles étaient les conditions principales et exclusives pour pénétrer dans l'empire des génies. Streitmatter, dans son exaltation, remplit exactement toutes ces conditions; il renonça à tous les plaisirs, négligea ses affaires, et encore plus sa jeune épouse, qui, de son côté, attribua le silence et la froideur de son mari, et surtout ses sorties nocturnes, à un motif plus outrageant pour elle qu'il ne l'était effectivement.

Streitmatter fut encore fortifié, dans sa crédulité et son exaltation, par un voisin dont le cerveau ne valait pas mieux que le sien, et qui l'assista dans ses veilles cabalistiques. Son épouse alors chercha des conseils et des consolations auprès de l'auteur de leur mariage, dont elle attendait le retour de la paix domestique.

Celui-ci, méchamment et avec intention, déclara : « que la cabale et les gens mal intentionnés » étaient cause de tout le désordre, et que le lit » conjugal se trouvant ensorcelé, il avait besoin » d'être exorcisé ; qu'il s'offrait à venir, lorsque » son mari recommencerait ses courses nocturnes, » pour tâcher d'arrêter, par ses saintes prières, » les effets de la magie et des mauvais génies. »

Dès ce moment, le pire des démons s'empara du paisible ménage. Le moine, effectivement, bénit la couche nuptiale ; mais sa prière se changea en malédiction pour les malheureux jeunes gens. Streitmatter était alors trop peu versé dans les mystères de la perversité humaine, pour soupçonner qu'avant peu il ne serait plus le seul à se reprocher les troubles du ménage. Le négociateur trouva trop bien ses avantages dans cet état de choses pour songer sérieusement à le changer.

C'est dans cette conjoncture critique que Streitmatter, ne trouvant plus chez lui ni repos ni plaisir, fut les chercher au cabaret, et que, d'un autre côté, sa femme, mécontente de cette conduite, garda les clefs de la cassette, et commença à contrôler ses dépenses; alors un juif d'Etmingen vint au secours du malheureux époux, et lui fit des avances de cinquante et cent florins, contre quittance double de la somme prêtée. Enfin les deux époux ne tardèrent pas à se séparer.

Le désordre s'étant mis dans les finances de la maison, l'épouse de Streitmatter voulut sauver son bien et celui de ses enfants. Le juif, qui avait prêté de l'argent à son mari, devint le plus impatient et le plus impitoyable des créanciers. Il mit en œuvre toutes les rubriques de la chicane, et parvint en fort peu de temps à ruiner entièrement Streittmater réduire, et à le à la plus profonde misère.

En proie au désespoir et à la rage, Streitmatter abandonna sa maison, et, suivant de fausses idées sur la destination de l'homme et sur le droit naturel, il se crut désormais autorisé à reprendre sur autrui ce qui lui avait été injustement enlevé. Il devint espion; et, comme on ne lui tint pas certaines promesses contractées avant l'exécution d'une entreprise hasardée, il se fit voleur et brigand : il avança dès-lors à pas de géant dans cette carrière.

Arrêté pour la première fois à Zurzach, il força son cachot; retenu ensuite à Schaffhouse, il s'échappa de la manière la plus hardie et la plus adroite; arrêté de nouveau, par la suite, il reçut un léger coup de feu du bailli de Hanenstein, fut transporté à Arau, où il s'évada de la plus forte prison avec une audace incroyable. Les vols, les sacriléges, les attaques nocturnes dans les moulins et les fermes, se multiplièrent de jour en jour, et son nom devint la terreur de toute la contrée. Personne ne lui était comparable pour l'adresse, la ruse et la présence d'esprit. Point de serrures assez solides pour lui, point de boutiques assez bien gardées; le plus habile serrurier pouvait apprendre de lui son métier. Il s'échappa de plus de douze des plus fortes prisons, d'une manière aussi hardie qu'ingénieuse.

A Longwy, dans la nuit du 19 au 20 décembre 1805, il escalada, avec ses camarades, au moyen d'échelles et de pieux attachés ensemble, les remparts de la ville à dix pas d'une sentinelle.

Streitmatter, toujours le plus actif de sa bande, pendant l'exécution d'une entreprise, abandonnait à ses camarades le soin d'empaqueter et de transporter le butin. S'il avait de l'argent, tous ses compagnons en avaient aussi : aimant à jouir du présent, il dissipait l'or, acquis au prix de tant de dangers, aux eaux minérales, dans les tripots, les maisons de plaisirs, ou les cabarets.

Après sa fuite d'Arau, blessé, et n'ayant pour toute provision qu'un petit morceau de pain et quelques mûres sauvages, il erra pendant trois jours à l'aventure, dans un batelet, sur une petite rivière remplie d'écueils.

Emprisonné à Genève, avec quelques autres brigands, il obtint de quelques juifs de Carouge vingt-cinq pièces d'or, ainsi que des limes et des essorts de montre qu'aucune recherche ne put leur enlever. Enfermés dans une grotte pendant leur transport à Lyon, ils s'étaient déjà débarrassés de leurs fers, et commençaient à forcer leur prison, lorsqu'ils furent découverts et arrêtés. On leur ôta une partie de leur or et de leurs instruments, mais le plus important ou le plus nécessaire resta caché dans leur fondement.

Deux fois ce brigand eut dessein d'abandonner son genre de vie, et chaque fois un malheureux incident l'y engagea de nouveau. La première fois, un bohémien lui coupa sa ceinture, et la lui enleva avec cent louis qu'elle renfermait; la seconde fois, en France, où il avait résolu de s'établir dans une fabrique, son mauvais génie le conduisit sur sa route dans une auberge où un ouragan le força de s'arrêter. Là, il trouva le chef de bande *Muller* avec sa concubine, lesquels lui gagnèrent son argent au jeu, et, après l'avoir enivré, l'engagèrent à un nouveau vol.

On employait envain contre Streitmatter les artifices les plus ingénieux pour se saisir de lui. Semblable à un nouveau Protée, il échappait à toutes les recherches, à toutes les ruses et à tous les pièges qu'on lui tendait, et, si on parvenait à l'arrêter ou à l'enfermer dans une prison ou un cachot, il était rare qu'il ne rompît pas ses fers, en surmontant les plus grands obstacles. Un jour il s'abandonna, avec la plus grande témérité, d'une hauteur de cent pieds, à une corde faite de morceaux de couverture, et ne quitta son entreprise que lorsqu'il entendit siffler à ses oreilles les balles de la garde qui était accourue. Découvert et arrêté, il s'assit tranquillement sur une pierre, en disant : *C'est ajourné.*

Cependant, plein de dépit et de colère de ne pouvoir sortir de sa misérable prison, tandis qu'il s'était évadé des plus forts cachots de la France et de la Suisse, il se crut perdu pour tout de bon, et commença à confesser quelques faits contre lui-même ; il était persuadé qu'il fallait absolument séquestrer du monde un homme aussi dangereux que lui. Mais il s'écriait toujours avec l'accent de la vérité : « Mes mains jamais n'ont versé de sang ;
» si j'entendais un enfant pleurer, ou un petit
» chien japper, j'abandonnais de suite les plus
» belles entreprises, parce que j'entrevoyais la
» possibilité de me trouver, par une résistance
» imprévue, forcé, malgré moi, à sacrifier un
» homme. Il doit sembler étrange d'entendre un
» voleur de profession parler de moralité ; mais,
» croyez-moi, ajoutait-il, j'ai aussi la mienne, et
» c'est du moins un sentiment bien rassurant pour
» moi que la certitude de n'avoir jamais commis
» de violence, et peut-être même d'en avoir em-
» pêché un grand nombre.

» Un voleur adroit, disait-il, doit savoir où les
» gens couchent, et s'ils sont vieux ou jeunes :
» car les vieillards se réveillent facilement et sou-
» vent après minuit ; au lieu que les jeunes ma-
» riés, une heure après leur coucher, peuvent
« être visités sans crainte.

Ce fut devant la cour de justice de Mayence que Streitmatter parut, et qu'il fut condamné,

29 septembre 1810, avec plusieurs autres brigands ; lui, avec Damien Hessel et Schmaye Na-
than, à la peine de mort, et les autres à seize,
dix-huit et vingt-quatre ans de fers.

DUCHATELET.

DUCHATELET, gentilhomme poitevin, soldat aux gardes, après s'être souillé de tous les crimes avec Cartouche, dont il était un des principaux complices, aurait expié ses forfaits sur la roue, si on ne lui eût accordé sa grace, pour avoir trahi et livré ce fameux chef de brigands.

Ce scélérat commit un crime à lui seul, qui fit frémir d'horreur même ses barbares associés.

Duchâtelet avait une maîtresse qu'il aimait à la fureur. L'amour prend ordinairement la teinte des ames qu'il soumet à son empire. Dans celle d'un scélérat, accoutumé à verser le sang humain, il ne peut être qu'une brutalité féroce. S'étant aperçu que cette femme, confidente et complice de ses vols et de ses assassinats, ne répondait plus, depuis quelque temps, à ses transports avec la même ardeur, il chercha à decouvrir la cause de ce changement. Il sut bientôt qu'elle lui était infi-dèle, et qu'elle donnait des rendez-vous à un autre complice de Cartouche. La rage dans le cœur, il se rendit secrètement le premier au lieu indiqué par ces amants. Sa maîtresse arriva, et resta interdite à la vue de celui qu'elle trahissait ; mais Duchâtelet, sans proférer un seul mot, s'é lance sur elle, la poignarde, lui arrache le cœur et le dévore. Un monstre capable d'une action aussi féroce, pouvait-il avoir une ame sensible C'est un problème que nous laissons à résoudre à ceux qui réfléchiront sur la fin de la vie de cet homme atroce.

Personne n'ignore que la justice lui avait pro mis la vie, s'il parvenait à faire prendre Car touche. Il avait rendu ce service : on lui tint pa role, et il fut affranchi du supplice; mais la sagesse avait mis des bornes à sa clémence; et, en con servant la vie à Duchâtelet, on l'enferma pour le reste de ses jours à la Force, dans un cachot privé totalement de la lumière. Il y a vécu cepen dant une longue suite d'années, et y a expié ses forfaits.

Qui coirait que ce brigand, ainsi enseveli dans les entrailles de la terre, a montré une ame sen sible, au milieu de la souillure des crimes dont il était pour ainsi dire enveloppé? Soit que l'attache ment ait l'attrait impérieux du besoin, soit que la solitude dispose l'homme à tromper son ennui, Duchâtelet, loin de repousser les rats qui s'étaient introduits dans son cachot, les accueillait avec plaisir. Il se fit une espèce d'étude d'apprivoiser ces animaux si craintifs, et il y parvint. Il partageait son pain et sa paille avec eux ; ces animaux ac couraient à sa voix ; il semblait en avoir fait ses amis. Lorsqu'ils ne paraissaient point aux heures accoutumées, il ressentait de l'inquiétude, il éprou

...it du chagrin. Il avait donné des noms différents à chacun des individus de cette singulière société. Ces rats lui étaient devenus nécessaires, et ils adoucissaient les horreurs de sa situation.

Un geôlier tua un jour un de ces rats, qu'il avait rencontrés sur son passage. Duchâtelet l'accabla de reproches, et versa des larmes, lui qui, peut-être, n'en avait jamais répandu aucune. Il avoua que jamais, dans le cours de sa vie, il n'avait essuyé une épreuve plus cruelle.

Duchâtelet, enfin, termina une vie, dont la moitié fut un tissu de crimes et d'horreurs, et le reste un abîme de misère et de douleurs. Prêt à rendre le dernier soupir, il ne vit et ne songea qu'à ses animaux. *Hélas*, dit-il, en ranimant sa voix mourante, et ce furent ses dernières paroles, *qui est-ce qui aura pitié de mes pauvres rats?* A qui échappait cette marque de sensibilité? à un cannibale qui avait dévoré le cœur de sa maîtresse.

C'est à de pareils traits, a dit un philosophe, *qu'on peut appeler l'homme une énigme inexplicable, un abîme qu'il est impossible de pénétrer.*

LE BRIGAND DES PYRÉNÉES.

Un espagnol, le comte de Tortosa, forcé par suite d'un duel dans lequel il avait tué son adversaire, de quitter précipitamment l'Espagne, résolut de se rendre en France, et, pour échapper aux recherches dont il était l'objet, de traverser les Pyrénées sans guide. Vêtu comme un simple paysan, il s'engagea donc dans les défilés des montagnes; mais il ne tarda pas à se repentir de sa témérité.

Depuis trois jours, il errait sur ces montagnes, se retrouvant souvent, après une marche pénible, au même point d'où il était parti, et n'osant cependant suivre un chemin fréquenté. Il avait épuisé le peu de provisions dont il s'était muni avant de partir; pour comble de malheur, vers la fin du troisième jour, un orage terrible éclata; le comte marchait à la lueur des éclairs qui se succédaient rapidement; de larges gouttes annonçaient l'approche d'une pluie abondante. Le malheureux fugitif eût donné bien volontiers la moitié de la somme considérable dont il s'était muni, pour trouver un abri et quelques fruits sauvages. Enfin il aperçut une faible lueur qui sortait d'une touffe d'arbres peu éloignés. Toutes ses souffrances et ses craintes furent à l'instant oubliées; il dirigea ses pas vers le lieu où la lumière se faisait légèrement entrevoir. Arrêté à chaque instant par les ronces et les bruyères qui s'opposaient à son passage, il perdait souvent de vue la précieuse clarté, puis la retrouvait de nouveau; enfin il pénétra jusqu'à une chaumière d'assez pauvre apparence, que de grands arbres dérobaient à tous les regards, et, pressé par la pluie qui commençait à tomber avec force, il frappe à la porte à coups redoublés.

Déjà! dit une voix aigre qui partait de l'intérieur; il faut que la besogne ait été vite, ou que le mauvais temps vous fasse grand peur.

A peine le comte eut-il entendu ces paroles, que la femme qui les avait prononcées ouvrit la porte, et parut fort surprise d'y trouver un inconnu.

— Que demandez-vous? lui dit-elle.

— Ma bonne, vous voyez le temps qu'il fait; j'attends de vous un gîte et quelque chose à manger, car il y a trois jours que je me suis égaré dans ces montagnes, et je meurs de faim. Soyez tranquille au surplus; je suis en état de vous payer convenablement.

— Ah! ce n'est pas ce qui m'inquiète; mais c'est que, voyez-vous, dans ces montagnes couvertes de bois, il est bon de prendre ses précautions; on ne sait pas à qui l'on peut avoir affaire, et, quoique pauvre, on tient à ce que l'on a.

— Rassurez-vous, ma bonne; je ne suis point un voleur.

— Vous n'avez point d'armes?

— D'aucune espèce, et, encore une fois, je me propose de payer généreusement l'hospitalité que je vous prie de m'accorder.

— Entrez donc, et je vous traiterai de mon mieux.

— Vous n'aurez pas affaire à un ingrat.

La maîtresse du logis fit alors entrer le comte dans une pièce assez proprement meublée, qui lui servait à la fois de cuisine et de chambre à coucher. Elle tira de la huche un pain noir dont elle lui donna un morceau, puis elle lui servit une cruche d'assez bon vin, et la moitié d'un lièvre rôti. Le comte dévora le tout, que son appétit lui fit trouver délicieux, et ce ne fut que lorsque sa faim fut un peu calmée qu'il regarda son hôtesse. Elle paraissait âgée d'environ quarante-cinq ans; un teint pâle, des yeux sombres lui donnaient un air sinistre qui frappa le comte; il remarqua en outre qu'elle était d'une grande taille et d'une complexion vigoureuse, et, après s'être recueilli un instant, il lui demanda si elle vivait seule dans cette cabane isolée.

— J'y vis avec mon mari qui est bûcheron, répondit-elle. Ces forêts, qui touchent presque au territoire français, appartiennent au marquis de Villaflor; et Antonio, mon mari, ayant eu le bonheur de rendre quelques petits services au marquis, en a obtenu la permission de bâtir cette chaumière et d'exercer son métier dans les bois qui l'environnent.

Le comte trouva cette explication toute naturelle; il fut presque honteux d'avoir conçu quelque crainte, et il demanda à son hôtesse si elle pourrait lui donner un lit.

— J'ai là-haut, dit-elle, un petit cabinet qui servait de chambre à coucher à mon fils, charmant garçon qui a eu le malheur de périr, il y a six mois, en travaillant dans la forêt avec son père.

— Et comment ce malheur est-il arrivé?

— Oh! ce récit me ferait trop de mal.... Vous avez fini de souper; venez, vous trouverez au lit des draps blancs, que j'y avais mis pour le pauvre garçon le jour de son accident.

Le comte n'insista pas ; il prit une lampe que lui offrit son hôtesse, monta un petit escalier et arriva dans le cabinet qui devait lui servir de gîte. Il allait se mettre au lit, après avoir soigneusement fermé la porte, lorsqu'un retour d'inquiétude que rien pourtant ne justifiait, le décida à attendre, pour se coucher, que le mari fût rentré. S'étant alors approché de la fenêtre, il reconnut qu'elle était garnie de forts barreaux, et cette circonstance ayant augmenté ses craintes, il résolut de payer généreusement son hôtesse et de partir sur le champ malgré le mauvais temps ; mais, au moment où il se disposait à exécuter cette résolution, il entendit heurter fortement au dehors. Il souffla vivement sa lumière, et revint se mettre à son poste sur la première marche.

— Ah ! cette fois, c'est lui, dit la femme avec joie en allant ouvrir.

— Mille damnations, dit un homme qui entra aussitôt, quel temps du diable ! Cinq heures mortelles à l'affut, et pas un coquin de voyageur.

— J'ai été plus heureuse que toi : le poisson est venu de lui-même se prendre dans la nasse.

— Comment cela ?

— Un jeune homme habillé en paysan, mais qui n'en a ni la tournure ni le langage, m'a demandé un gîte en offrant de le payer grassement ; il le paiera mieux qu'il ne le pense, car il a le gousset bien garni.

— Ne parle donc pas si haut.

— Oh ! il dort, j'en suis sûre ; car il était exténué de fatigue.

Ici la conversation cessa, et le comte réfléchit à ce qu'il devait faire. Il rentra sans bruit dans son cabinet, en ferma la porte de son mieux, revint au lit et en détacha une barre de bois dont il s'arma à tout événement.

Plus d'une heure s'écoula dans cette cruelle attente ; le comte, se rappelant les expressions des deux époux, cherchait déjà à les expliquer d'une manière plus favorable, lorsqu'il entendit quelque bruit le long du mur qui faisait face au lit. Il se mit aussitôt en garde près de celui où se trouvait la croisée, et vit, avec avec la plus grande surprise, lever une trappe qu'il n'avait point remarquée. Une échelle, placée dans la pièce au-dessous, était le chemin qu'on avait pris pour venir le surprendre. On avait posé au pied de l'échelle une lampe, qui jetait dans le cabinet supérieur une lumière incertaine, mais suffisante pour guider les pas d'un homme qui connaissait les êtres ; et le bûcheron, armé d'un long couteau, avait déjà passé la moitié du corps par l'ouverture : le voyageur, ayant pris son temps, lui asséna, sur la tête, un violent coup de la barre du lit, qui le précipita dans la pièce au-dessous, de manière que sa chute renversa et éteignit la lampe.

— Déjà fait ! dit la femme, en s'approchant à tâtons ; il paraît que tu ne l'as pas manqué.... Dans tous les cas, voici de quoi l'achever.

Et, à ces mots, elle perça le cadavre de plusieurs coups de poignard.

— Descends donc, dit-elle ensuite; je vais rallumer la lampe afin que nous puissions voir à combien se monte notre héritage.

Cependant le comte avait ramassé le couteau que son ennemi avait laissé échapper de sa main en tombant; il avait jeté la barre sur le lit, et il hésitait à descendre par l'échelle ou par l'escalier. Il préféra enfin ce dernier chemin qu'il connaissait mieux, et il arriva dans la salle basse au moment où la femme, ayant rallumé sa lampe, mettait le pied sur le premier échelon. Au bruit qu'il fit involontairement, elle se retourna, et vit avec effroi la figure de celui qu'elle croyait assassiné. Elle sauta alors sur une paire de pistolets accrochés à la cheminée, et lâcha son premier coup, mais sans atteindre le comte, qui, la frappant rudement de son couteau, l'étendit à ses pieds avant qu'elle eût pu faire feu une seconde fois. Il s'enfuit alors précipitamment, gagna heureusement la ville de Bayonne, et fit aux autorités le récit que l'on vient de lire.

BANDITS ÉCOSSAIS.

Sir Michelson, voyageant dans les montagnes d'Écosse, accompagné d'un seul domestique, s'égara vers la fin du jour; et, comme les chevaux ne marchaient que difficilement dans les sentiers étroits bordés de précipices, sir Michelson et son valet mirent pied à terre. Presque au même instant, un quartier de rocher se détacha, et les chevaux tombèrent d'une hauteur effroyable dans l'un des précipices. Les voyageurs se crurent perdus ; cependant ils continuèrent à marcher avec précaution, et Tom s'écria : Grace au ciel, j'aperçois une lumière,

— Une lumière! répondit sir Michelson, et de quel côté?

— Sur la droite, en partant du point où nos malheureux chevaux viennent d'être engloutis.

— Je l'aperçois aussi, mon cher Tom ; elle paraît être à une distance bien considérable.

— Un peu de patience, milord; un bonheur ne vas pas sans l'autre, et voici un sentier qui semble conduire de ce côté. C'est sans doute la chaumière de quelque bûcheron, dont la chétive mais franche hospitalité nous dédommagera de tous les maux que le froid et la faim nous ont fait endurer dans cet affreux désert.

— Je suis prêt à te suivre; mais nos chevaux?

— O bien! nos chevaux, je les plains; ce sont de bonnes bêtes ; cependant il faut qu'ils restent là jusqu'à demain au matin, au risque de périr, puisque nous n'avons pas la possibilité de les en tirer ce soir. Au surplus il n'ont pas d'ame à sauver, et il y en a encore un bon nombre dans les écuries du lord votre père. Il vaut donc mieux présentement nous occuper de nous que de ces pauvres animaux.

— Allons, et surtout prenons garde de perdre le sentier, et de nous engouffrer nous-mêmes dans ces dangereux marécages.

Ainsi s'entretenaient sir Michelson et son valet, en parcourant le nord de l'Ecosse, où les appelait une affaire qui ne pouvait souffrir aucun retard. Une nuit pluvieuse du mois de février les avait surpris dans ces contrées déjà très-humides par elles-mêmes, et dont le temps affreux qu'il avait fait toute la journée augmentait encore l'horreur. Tous deux égarés, ils croyaient marcher à une mort certaine, lorsqu'ils découvrirent le précieux rayon de lumière qui semblait leur promettre la fin de toutes leurs peines.

Après avoir long-temps cheminé parmi des roseaux et d'autres plantes aquatiques, dont l'effet fatigant était de retarder leur marche et de les exposer sans cesse à de nouvelles chutes, ils arrivèrent enfin à l'habitation si ardemment désirée ; mais, au lieu de trouver une simple chaumière, comme ils se l'étaient imaginé de loin, il virent devant eux les ruines d'une forteresse abandonnée depuis long-temps. Les débris des tours et des murailles renversées comblaient presque entièrement les anciens fossés de la citadelle ; il ne subsistait plus que quelques chambres étonnées de survivre à la destruction presque totale de l'édifice ; et c'était de l'une de ces chambres que partait la lumière qui leur avait servi de fanal.

« Là ! monsieur ! ne vous avais-je pas bien dit que nous trouverions ici de bonnes gens ?

— Sur quoi juges-tu du caractère de personnages que tu n'as pas encore vus ?

— Sur quoi ? Vous n'entendez donc pas ces bruyants éclats de rire ? La gaieté est la compagne de la bonhomie : cherchons la porte ; je gagerais que nous serons les bien venus.

— Voici qui me paraît avoir été l'entrée de cet édifice ; mais les portes n'y sont plus, et rien ne s'oppose à notre passage.

Ils s'avancèrent au travers des cours solitaires, franchirent les marches d'un perron, et arrivèrent dans une vaste pièce qui paraissait avoir été la grande salle du château. La lune brillait assez, au travers des décombres dont cette pièce était presque comblée, pour leur faire distinguer une petite porte soigneusement fermée, que sir Michelson imagina devoir les conduire à ceux dont ils attendaient l'hospitalité. Il frappa donc rudement à cette porte ; mais le bruit intérieur empêchait qu'on n'entendît les secousses répétées qu'il lui donnait. Enfin il découvrit un petit cor suspendu à l'une des pilastres qui soutenaient encore le plafond, et en tira trois fois un son aigu, qui fut entendu des habitants du château. Bientôt les pas d'un homme firent craquer les marches d'un escalier situé derrière la porte, et une voix rauque demanda :

Qui est là ?

— Deux voyageurs fatigués et transis de froid, que votre lumière a sauvés de leur perte dans les marais, et que la joie qui paraît briller parmi vous encourage à vous demander l'hospitalité.

Le questionneur ouvrit aussitôt, et les félicita d'avoir découvert leur demeure isolée.

Vous serez bien reçus, ajouta-t-il ; vous arrivez d'autant plus à propos, que quelques étrangers, égarés comme vous, viennent de nous demander un gîte, et vous partagerez avec eux notre souper frugal.

— Je savais bien, s'écria Tom, que nous aurions affaire à de braves gens !

Pendant ce bref colloque, ils montaient l'escalier, et arrivèrent dans une grande salle où beaucoup d'hommes attablés s'amusaient à boire en attendant le souper. Les étrangers, au nombre de trois, étaient réunis au haut bout de la table, et tout le monde s'étant levé pour faire honneur aux arrivants, les habitants du château se pressèrent un peu, afin de les laisser prendre place auprès des trois personnes qui n'étaient point de leur compagnie habituelle.

On ne tarda pas à servir le souper ; il se trouva meilleur qu'on ne pouvait l'attendre de l'état apparent de ceux qui l'offraient : le vin n'y fut point oublié. Sir Michelson, que son goût et l'état de son âme portaient à la sobriété, crut remarquer dans la personne de ses hôtes un air de rudesse et de férocité que la force du vin rendait de plus en plus frappant. Il s'aperçut aussi que l'un des étrangers, dont le ton et le costume annonçait la supériorité sur ses deux compagnons de voyage, paraissait, comme lui, se méfier des gens dans la compagnie desquels il se trouvait. Tom et les deux autres étrangers ne semblaient

4*.

s'occuper que du plaisir de boire, de manger, et de se trouver à l'abri pendant une nuit dont la rigueur se faisait vivement sentir au dehors.

Cependant un retour sur la manière généreuse dont s'exerçait l'hospitalité envers lui et ses compagnons, confondait toutes ses idées, et le plongeait dans une incertitude pénible.

Messieurs, dit à la fin du repas un homme qui paraissait le maître du logis, si votre intention n'est pas d'attendre, en buvant, le retour de la lumière, je crois qu'il est temps de nous retirer chacun dans notre chambre. Ce n'est pas que je puisse vous offrir toutes les commodités que je désirerais; mais nous nous sommes ménagé, outre le local nécessaire à notre petite troupe, deux chambres meublées tant bien que mal, et qui servent à ceux à qui leur bonne fortune fait découvrir notre habitation. Vous en occuperez chacun une, Messieurs, et vos gens passeront la nuit auprès de vous comme ils le pourront.

Michelson et l'étranger remercièrent poliment, et furent conduits, selon la promesse de leur hôte, à deux chambres contiguës. On y entrait par un grand cabinet situé à l'extrémité de la longue galerie dans laquelle donnait la salle où ils avaient pris leur repas; là ils se souhaitèrent mutuellement le bonsoir.

Dès que Tom fut seul avec son maître, il examina attentivement la chambre dans laquelle ils se trouvaient, et s'effraya de voir que la porte, d'ailleurs très-faible, n'avait aucun verrou, ni moyen de se mettre à l'abri des attaques du dehors.

Et que crains-tu de gens dont la gaieté te garantit la bonhomie? lui dit sir Michelson d'un ton moqueur.

— Oh! je sais que nos hôtes sont fort gais, qu'ils ont de bon vin; mais cela n'empêche pas de prendre ses précautions.

— Aussi ferai-je : car je ne dormirai pas de la nuit, et je vais tenir mes armes en état, en cas d'événement. Tu peux te jeter sur le lit; je veillerai pour nous deux.

— Ah! Monsieur, il faut qu'il y ait vraiment du danger, puisque vous partagez mes craintes, et je vous jure que je ne saurais m'abandonner au sommeil.

— Fais comme tu l'entendras.

— Monsieur, on a frappé!

— Chut!

Ils écoutèrent; un coup ménagé se fit entendre une seconde fois; la porte s'ouvrit, et l'étranger entra :

Pardon, dit-il, si je vous dérange; mais j'admire votre tranquillité : n'avez-vous pas fait attention à la figure de nos hôtes?

— J'avoue, seigneur, qu'elle ne me plaît pas du tout.

— Point de bruit, dit en rentrant le valeureux Tom, qui était passé un moment dans la longue galerie; j'aperçois là-bas un éclat de lumière qui sort, au travers d'une fente, de la salle où nous avons soupé : c'est que nos hôtes y sont encore. Si l'un de vous se sent assez de courage, qu'il aille doucement jusque-là, et peut-être saura-t-il à quoi s'en tenir.

— J'y vais, dit sir Michelson.

L'étranger l'y suivit, et ils entendirent, sans en perdre un mot, la conversation qui se tenait dans la salle.

— Tu as beau t'en défendre, disait celui qu'ils avaient pris d'abord pour le maître du logis, tu n'avais pas besoin d'introduire les derniers venus.

— Ah! il fallait le deviner.

— Comment! tu ne voyais pas bien qu'il n'y avait rien ou peu à gagner avec eux?

— Le jeune homme a l'air d'avoir quelque chose.

— Bon! quelques guinées, tout au plus; l'autre est un misérable valet.

— Un poltron!

— N'importe! ils augmentent, sans profit pour nous, le nombre de ceux que nous avions à attaquer, et dont les dépouilles valent la peine d'y regarder à deux fois avant de les laisser échapper.

— Capitaine, dit un troisième, je me charge de ces deux-là. Ils sont harassés de fatigue: ils ne tarderont pas à s'endormir, et mon poignard les fera passer du sommeil à la mort.

— A la bonne heure.

— Eh! dit un quatrième, qui nous empêche d'en user de même avec les trois autres?

— Hum! cela ne sera pas si facile : dans trois personnes, il est rare qu'il ne s'en trouve pas une éveillée.

— Ah! c'est vrai, je n'y songeais pas. Buvons! cela donne des idées.

— Eh! que risquons-nous? les deux autres poignardés, ces trois ne sauraient résister à neuf que nous sommes; mais, comme ils pourraient, en se défendant, blesser quelques-uns de nous, il faut s'introduire chez eux sans bruit, et s'emparer de leurs armes.

— Bravo, capitaine! c'est dangereux, pourtant.

— Aussi, Dick, c'est toi qui as fait la sottise de recevoir les autres, c'est toi que je charge de cet enlèvement. Nous allons continuer de boire encore une heure ou deux. Tu feras sentinelle à la porte du cabinet; quand tu les croiras tous endormis, tu entreras prendre leurs armes; et si, par hasard, tu venais à être entendu, un coup de sifflet nous appellerait tous à ton secours.

— C'est dit, capitaine. Un verre de vin, et je vais à mon poste.

Retirons-nous, dit sir Michelson à son compagnon; il ne faut pas que cet homme nous surprenne.

Qu'allons-nous faire? ajouta-t-il, quand ils furent rentrés dans la chambre, où ils trouvèrent les deux autres voyageurs, et Tom, qui leur avait fait part de ses inquiétudes.

Nous connaissons le plan de l'ennemi, reprit l'étranger; c'est le principal. Eteignons nos lumières; réunissons-nous tous derrière la porte du cabinet, et quand Dick entrera pour prendre nos armes, saisissons-nous de lui, fermons-lui la bouche, et le forçons de nous conduire loin de ces murs dangereux.

On s'arrêta à ce projet : les lampes furent soufflées ; dès que les pas du brigand se firent entendre dans la galerie, on se plaça des deux côtés de la porte, et l'on attendit en silence le moment de s'emparer de sa personne.

Cela ne fut pas bien long. Dick, pressé de rejoindre ses camarades qui buvaient sans lui, ne distinguant d'ailleurs ni bruit ni lumière, poussa doucement la porte ; au même instant il se sentit jeter par terre, et un mouchoir étouffa ses cris avant qu'il pût les faire entendre.

Tandis qu'il était fortement retenu, sir Michelson, l'epée à la main, courut au milieu de la galerie, rallumer une des lampes à celles que le brigand y avait laissée ; il revint éclairer ses compagnons qu'il trouva entourant leur prisonnier, et le menaçant de leurs épées, s'il s'avisait de donner l'alarme.

Ce n'est pas tout, dit l'étranger : si tu veux sauver tes jours, il faut que tu nous conduises sans danger hors de ce château ; nous allons t'éclairer : songe à prendre le bon chemin.

Le misérable fit signe qu'il y consentait ; il indiqua une petite porte placée dans le même cabinet, et qui ouvrait sur un escalier dérobé, au moyen duquel on n'avait pas besoin de traverser la galerie. Au bas, on se trouva de l'autre côté de la grande salle du château, mais au lieu de faire sortir les voyageurs par la porte qu'ils avaient passée en entrant, et qui les aurait conduits sous les croisées de la salle où buvaient les scélérats, Dick les fit descendre dans les souterrains.

Ils marchaient avec précaution, redoutant, non sans raison, quelque embûche, et ne cessaient de menacer leur conducteur de leurs glaives, à la moindre apparence de trahison, ou de lui promettre la vie, s'il leur rendait fidèlement le service désiré. C'est ainsi qu'ils traversèrent un immense corridor; il était humide, tortueux et jonché d'éboulements qui arrêtaient souvent leur marche. Enfin, ils arrivèrent à une crevasse de rocher, dans lequel les brigands s'étaient ménagé un passage, et se trouvèrent, après l'avoir franchi, dans une forêt épaisse dont ils ignoraient les détours. Comme ils avaient fait un chemin considérable dans les souterrains, ils jugèrent qu'ils n'avaient plus rien à craindre de la bande; et, après que Dick leur eût indiqué du doigt un sentier qui les ferait sortir du bois, fidèles à leur promesse, ils ne crurent pas devoir le retenir plus long-temps; ils le laissèrent rentrer sans lumière dans le passage, la bouche toujours voilée, et les mains attachées derrière le dos, pour plus de sûreté. Cela fait, ils s'avancèrent à pas lents dans le sentier que leur libérateur involontaire venait de leur montrer.

Ils n'avaient pas fait cinquante pas, en s'éclairant de leurs lampes dont ils conservaient la lumière à force de soin, lorsqu'ils se trouvèrent au milieu d'une troupe considérable qui s'était mise en embuscade des deux côtés du sentier :

— Bas les armes, coquins! leur cria-t-on de toutes parts. Ah! vous croyiez nous échapper!

Tom et les deux compagnons de l'étranger se

laissèrent désarmer sans résistance. Sir Michelson et son nouvel ami voulurent se défendre ; mais, seuls contre sept à huit hommes qui se jetèrent sur eux à la fois, ils se trouvèrent accablés par le nombre avant d'avoir pu faire usage de leurs armes, et furent, aussi bien que leurs malheureux domestiques, attachés, chacun à un arbre, avec de grosses cordes qui leur ôtaient tout moyen et tout espoir de se soustraire à leur sort.

Revenons aux brigands que nous avons laissés occupés à boire en attendant le retour de leur camarade. Près d'une heure s'était écoulée, et, le vin manquant, le capitaine envoya un de ses gens renouveler la provision.

— Que diable, dit-il, ces gens-là sont bien longs à s'endormir ! Ce pauvre Dick paie un peu cher son imprudence, car il n'est pas aussi à son aise que nous, Messieurs, qui buvons tranquillement dans une chambre bien chaude.

— Il est étonnant qu'il ne vienne pas de temps en temps prendre un verre de vin pour se donner des forces.

— Oh ! c'est qu'il ne veut pas manquer son coup. Il a trop à cœur de réparer sa faute.

A ce moment, le brigand que l'on avait envoyé au cellier, revint avec deux grandes jarres pleines de la liqueur vermeille ; la joie brilla sur toutes les figures, et Dick fut oublié pendant quelques instants. Cependant le capitaine, après avoir fait remplir une seconde fois son verre, demanda à celui qui avait apporté le vin, s'il avait vu Dick.

— Non, capitaine, ce n'était pas mon chemin d'aller vers lui. J'ai seulement aperçu la lumière qu'il a posée à terre là-bas dans le milieu de la galerie. Il est possible qu'il soit encore auprès de la porte du cabinet à faire sentinelle ; mais la clarté ne portant pas si loin, je ne pouvais pas le distinguer d'ici.

Une demi-heure s'écoula encore ; le capitaine déclara qu'il ne pouvait plus tenir dans une telle incertitude, qu'il fallait que Dick se fût endormi ; et il ordonna à l'un des brigands d'aller voir si sa conjecture était fondée.

Je ne sais pas ce que cela signifie, dit celui-ci à son retour ; mais j'ai trouvé la porte du cabinet fermée ; j'y ai pénétré : celles des deux chambres l'étaient également, sans que le moindre bruit s'y fit entendre. Je n'ai pas osé m'y introduire...

— Tu es un poltron, s'écria celui qui avait proposé de poignarder sir Michelson et son valet ; j'y vais moi-même, et je vous en rendrai bon compte.

D'une main il prit une lanterne sourde, de l'autre son poignard, et s'achemina vers le bout de la galerie, après avoir recommandé à toute la troupe de se tenir prête, en cas de surprise.

— Trahison ! s'écria-t-il, en revenant au bout de quelques minutes, Dick et les étrangers n'y sont plus : le perfide aura préféré une récompense à sa part du profit, et les aura fait sauver par les souterrains !

— Est-tu bien sûr de ce que tu dis, Robert ? s'écria le capitaine.

— Que trop, morbleu ! La petite porte de l'escalier dérobé est ouverte.

— Il faut tous nous mettre à leur poursuite, et si Dick tombe entre nos mains, laver dans son sang sa perfidie.

— C'est cela, capitaine, marchons !

Et la troupe de s'armer à la hâte, de s'élancer par le petit escalier, ayant à sa tête Robert, qui n'avait point quitté sa lanterne ; de pénétrer dans les souterrains, et de suivre le corridor qui avait servi de passage aux fugitifs.

Cependant Dick, sans lumière, s'avançait lentement dans ce passage, et réfléchissait en lui-même sur la réception que lui ferait le capitaine. Il avait plus d'une fois senti la tentation de retourner sur ses pas, de fuir pour jamais le château, et d'éviter ainsi la punition que l'on ne manquerait pas de lui infliger ; mais, retenu par la crainte de ne plus trouver l'occasion d'exercer ses talents avec autant de facilité, il avait poursuivi sa route. Arrivé à un endroit où le corridor formait une espèce de coude, il entendit tout-à-coup les pas de gens qui venaient à sa rencontre. Persuadé que c'étaient ses camarades, il frappa du pied pour se faire remarquer, et réussit ; car, au même instant la voix de Robert, criant : *Qui vive !* frappa son oreille ; mais le mouchoir qui lui ôtait presque la respiration, l'empêcha de répondre.

— *Qui vive !* répéta Robert d'une voix plus forte.

—Capitaine, on ne répond pas ; que faut-il faire?

— En avant, reprit celui-ci.

Et Robert s'élança sur le pauvre Dick, qui ne cherchait pas à lui échapper ; le brigand ouvrit sa lanterne et reconnut son camarade.

— Ah ! c'est toi, traître ! Où sont les étrangers ? Tu ne réponds pas ? Eh ! capitaine, voyez donc comme il est arrangé !

Alors il dénoua le mouchoir que Dick avait sur la bouche, et l'autre, reprenant sa respiration :

— Ouf ! je l'ai échappé belle !

Il leur raconte, en peu de mots, ce qui lui était arrivé.

— Ils sont échappés ! s'écria le chef de la bande. Ils vont divulguer notre retraite : maladroit ou perfide, tu as mérité la mort.

— Eh ! pouvais-je deviner qu'ils nous écoutaient ? Grace !

— Grace ! reprirent tous les brigands, excepté Robert.

— Trahis ! trahis ! s'écria celui-ci. Voyez-vous ces flambeaux à l'extrémité du souterrain ?

— Et il porte à Dick un vigoureux coup de poignard, et la bande épouvantée prend la fuite vers le château. Elle n'avait pas fait vingt pas, que d'autres lumières paraissent dans cette seconde direction ; les brigands reconnaissent alors que la retraite leur est coupée des deux côtés.

Mais il est bien temps de nous occuper de nos voyageurs, que nous avons laissés dans une triste situation. Ils s'étonnaient qu'on ne leur eût point encore arraché la vie, lorsque le commandant de la troupe qui les avait investis, voulut connaître

la figure de ses prisonniers, et leur porta successivement une lumière sur le visage. .

— C'est ce coquin de Richard, s'écrie-t-il.
Comment, scélérat, tu as quitté le service de
mon oncle pour t'associer avec des brigands?

— Votre oncle, reprit l'étranger; seriez-vous
le lieutenant Marmaducke?

— Vous ici, mon oncle? Ah! que je suis heureux d'avoir voulu vous prendre vivants! Que de
regrets, si j'eusse suivi exactement mes premiers
ordres!

On s'expliqua, on mit les prisonniers en liberté, et lord Marmaducke apprit de son neveu
que le gouvernement, instruit des crimes qui se
commettaient dans cette contrée, avait fait faire
sous main des recherches; que l'on avait découvert
la retraite des brigands et l'entrée du souterrain,
et que quarante hommes, pris dans le régiment où
servait le lieutenant, avaient été commandés pour
s'assurer de leur personne; que le capitaine avait
divisé sa troupe en deux compagnies, dont l'une,
commandée par un sergent intrépide, devait se
présenter à la grande porte du château, tandis
que lui s'enfoncerait dans les souterrains qui devaient y aboutir.

— Nous vous servirons de guide, lui dit son
oncle en l'embrassant, puisque nous venons de
parcourir le long corridor voûté qui conduit au
château. Hâtons-nous de rentrer dans le passage:
nous atteindrons peut-être Dick, et il nous mènera
une seconde fois, mais en sens contraire. Il serait
heureux de surprendre les brigands enivrés et

sans défense, dans le lieu témoin de leur orgie...

— A quoi bon chercher à les surprendre, mon oncle? nous sommes en force de ce côté; mon sergent n'y est pas moins du sien; allumons plutôt des flambeaux que j'ai fait apporter : nous avancerons une fois plus vite.

— Est-ce que vous allez rentrer là - dedans, Monsieur? dit Tom à sir Michelson, qui était resté spectateur immobile de cette scène imprévue.

— Pourquoi pas?

— Vous allez de gaîté de cœur vous exposer au danger?

— Le crains-tu? Reste dans le bois à nous attendre.

— Oh! non, Monsieur, il n'aurait qu'à m'arriver encore..... Oh! c'est trop de secousses pour un jour. Cependant, Monsieur, mon devoir est de ne pas vous quitter; je marcherai, si vous le permettez, à la queue de la compagnie.

On prit des flambeaux, selon l'ordre du lieutenant, et la troupe s'enfonça dans les souterrains, précédée de sir Michelson, de lord Marmaducke et de son neveu. C'étaient eux que Robert avait aperçus de loin, lorsqu'il frappa son camarade.

L'autre compagnie était arrivée sous les murs du château, quelques moments avant celui où toute la bande s'était mise à la poursuite des fugitifs. Le sergent, homme de tête, ainsi que l'avait annoncé Marmaducke à son oncle, avait fait faire halte dans la dernière cour, il s'était avancé sous le péristyle. Il avait entendu les brigands descendre l'escalier dérobé ; les avait vus s'engager dans celui qui menait aux souterrains, et, jugeant par leur nombre qu'il devait en être resté peu dans les bâtiments, il avait placé quinze hommes en haut du passage que venaient de prendre ces coquins, et, avec les cinq autres, était monté faire la revue des pièces supérieures. N'ayant effectivement trouvé personne, il s'empara d'une jarre qui était restée à moitié pleine, alluma ses flambeaux à une lampe qui brûlait suspendue au plafond de la chambre de réunion, vint retrouver ses gens par le grand escalier, et, après leur avoir fait prendre à chacun un verre de vin, il en laissa cinq sous le péristyle, et descendit avec le reste dans le passage.

C'est ainsi que les brigands se trouvèrent pris entre deux troupes de forces supérieures. Ils voulurent d'abord résister au sergent, qui se trouva le premier à leur portée ; mais ce mouvement ayant donné au lieutenant le temps de faire approcher son monde, ils se rendirent tous sans effusion de sang, à l'exception du capitaine, qui, ne pouvant survivre à son *déshonneur*, tourna ses armes contre lui-même. Les autres furent tous enchaînés et conduits dans les prisons de la ville voisine, dont ils ne sortirent que pour subir sur un échafaud la peine de leurs crimes. On avait trouvé Dick à la place où Robert l'avait frappé. Lord Marmaducke et sir Michelson, devenus amis depuis cet événement, apprirent, avec une sorte de plaisir, qu'il était mort à la suite de sa blessure, pendant l'instruction du procès ; ce qui leur évitait le désagrément de voir périr par la main du bourreau un homme qui avait été, quoique malgré lui, l'instrument de leur salut.

LES BRIGANDS

DE

L'AUBERGE DU CHEVAL MORT (EN AUVERGNE.)

C'était en 1760 ; la marquise de Monderson, l'une des plus jolies femmes de la cour de Louis XV, contrariée par une affaire de cœur, résolut d'aller passer quelque temps près de l'une de ses parentes, prieure de l'abbaye de Saint-Yon, située dans les montagnes de l'Auvergne. La marquise, malgré la délicatesse de ses traits, était cependant une femme d'un courage extraordinaire ; son éducation avait été celle d'un jeune homme ; aussi faisait-elle très-adroitement le coup de fusil et de pistolet, et le danger le plus imminent ne l'effrayait point.

Elle partit donc dans une chaise de poste, accompagnée seulement de son vieil homme d'affaires et d'un postillon attaché à son service. Malheureusement ce fidèle serviteur étant tombé malade en route, eut toutes les peines du monde à conduire la voiture jusqu'à sa destination. La marquise, cédant bientôt au désir de retourner à la cour, se vit contrainte de laisser ce postillon à Saint-Yon ; elle prit des chevaux de poste et changea de postillon à chaque relai.

Déjà la marquise avait fait une vingtaine de lieues, lorsque la voiture arriva au milieu d'une plaine immense, qui n'était ombragée par aucun arbre.

— Où sommes-nous, postillon ? demanda la marquise.

— *Au Bris-de-voiture*, Madame ; on voit d'ici la croix à la suite de laquelle nous aurons encore trois mortelles lieues de plaine à parcourir.

— Il me semble que nous n'avons pas pris ce chemin en venant.

— C'est que madame la marquise y aura passé la nuit, ou qu'elle aura traversé le bois que l'on voit à droite.

— Le chemin par le bois est donc plus long que celui-ci ?

— Non, madame.

— Pourquoi donc ne pas le prendre ? Il me semble que nous nous trouverions tous très-bien de voyager à l'ombre ; et il me semble que vos chevaux sont trop fatigués pour supporter encore pendant trois lieues la chaleur du soleil.

— Madame..... Certainement..... mais c'est qu'il court des bruits sur ce bois ; on parle de voleurs....

— Bon ! des contes de bonne femme.

— Madame la marquise, dit l'homme d'affaires, me permettra-t-elle de lui faire observer qu'il ne serait pas prudent...

— Je ne pense pas que vous ayez peur, monsieur Firmin.

— Non, sans doute, je n'ai pas peur, madame ; mais à quoi bon chercher le danger ?

— Mais, mon cher monsieur, songez donc qu'il est à peine midi. Au reste nous sommes tous deux bien armés, et notre postillon ne paraît pas homme à s'effrayer aisément.... N'est-il pas vrai, mon garçon, que ces histoires de voleurs ne vous inspirent aucune crainte ?

— Moi, madame, je vous mènerai par où vous voudrez.

— Eh bien! monsieur Firmin, je vous avoue que c'est une fantaisie, et, comme je puis la satisfaire sans péril.... Postillon, suivez le chemin du bois, et je double vos pourboires.

Le postillon avait plus d'une raison pour se montrer docile aux volontés de la marquise ; aussi s'engagea-t-il dans le bois sans répliquer. Madame de Monderson était d'une humeur charmante ; elle vantait la beauté de la forêt, l'ombre protectrice des arbres, et riait aux éclats de l'air sérieux de son homme d'affaires. Cependant la voiture roulait depuis plus de six heures, le jour commençait à baisser et l'on n'apercevait point l'extrémité du bois. L'homme d'affaires en fit la remarque, et demanda au postillon à quelle distance on était du relais.

— Ma foi, monsieur, répondit-il, je commence à croire que j'ai pris, au dernier carrefour, un chemin pour l'autre. Je ne passe jamais par là, et il n'est pas extraordinaire que je me sois trompé. Voulez-vous que je retourne sur mes pas?

— Ce serait peut-être le plus sage, dit l'homme d'affaires.

— Cependant, reprit le postillon, en continuant à suivre cette route, j'ai la certitude de ne pas tarder à me reconnaître.

— Pressez donc vos chevaux; car le jour va finir.

— Mes chevaux! ça vous est bien aisé à dire: il y a plus de deux heures qu'ils devraient être sur la litière; les pauvres bêtes n'en peuvent plus.

— Ce retard n'est causé que par votre maladresse.

— Ce n'est pas ma faute, si madame la marquise a eu une fantaisie..... Et tenez, ne vous découragez pas; j'aperçois l'auberge du *Cheval mort*. Ça n'est pas un hôtel de première classe; mais vous pourrez y passer une bonne nuit, et, demain matin, mes chevaux un peu remis vous mèneront lestement.

Pendant ce colloque la marquise réfléchissait, et elle commençait à se repentir d'avoir si facilement cédé à un caprice; mais, au point où elle en était, il lui paraissait plus dangereux de rétrograder que d'avancer; elle ne dit donc pas un mot; mais elle s'assura que ses armes étaient en bon état, et elle renouvela l'amorce de ses pistolets.

Le postillon arrêta ses chevaux à la porte de l'auberge, dont la chétive apparence répondait parfaitement à la singularité de son enseigne. Au bruit de la voiture, une femme d'environ trente ans, dont le regard louche n'avait rien de bien rassurant, se présenta à la porte, et donna la main à la marquise. M. Firmin, encore plus inquiet que sa maîtresse, descendit à son tour, demanda une chambre, et fit apporter dans l'intérieur les coffres et les cartons de madame. La femme en indiqua une au premier; et, comme il ne faisait presque plus clair, elle donna environ la moitié d'une chandelle pour y monter, en disant qu'il ne lui en restait pas davantage, et que la ville était trop loin pour s'en procurer ce soir-là.

Vous aurez au moins quelque chose pour souper? reprit M. Firmin.

— Monsieur, toutes nos provisions sont consommées; il ne nous reste que du pain bis, du vin et un morceau de fromage.

— Quoi! pas un œuf, une tranche de lard?

— Non, monsieur.

— Donnez-nous ce que vous avez.

La femme revint avec les mêts peu recherchés qu'elle avait promis. « Etes-vous seule dans cette maison? lui dit la marquise.

— Madame, j'ai avec moi mon mari qu'une maladie grave retient dans son lit; et mon frère, qui n'y est pas dans ce moment-ci, parce que je l'ai envoyé à la ville pour dire au médecin de revenir avec lui dès le grand matin.

— Ainsi, nous ne sommes que quatre, en comptant le postillon?

— Oui, madame, mais il n'y a point de danger : nos portes ferment bien, et je vous jure que vous n'avez rien à craindre *du dehors.*

— L'aubergiste se retira, et la marquise fit part de ses craintes à M. Firmin, qui lui avoua qu'il n'était pas plus rassuré qu'elle.

Cependant, ajouta-t-elle, si ce que dit cette femme est vrai, nous pouvons être tranquilles; car, en supposant que le postillon soit un traître, cela ne ferait toujours que deux personnes contre nous, et nous sommes bien armés. Cette porte ferme assez mal; mais ces meubles nous serviront à la barricader. Ainsi nous soutiendrons le siége.

— Madame a raison. Je ne vois de danger que dans les aliments que nous pourrions prendre.

— C'est que j'ai réellement besoin.

— Madame peut sans inquiétude manger de ce pain, qui, paraissant servir de nourriture habituelle aux habitants de cette maison, ne doit contenir aucune substance malfaisante; j'ai dans mon sac de nuit un grand flacon de Malaga, et quelques pêches dont on m'a fait présent au prieuré : cela suffira pour réparer les forces de madame et les miennes; et nous ne toucherons pas à ce vin ni à ce fromage, qui m'inspirent des soupçons.

Les voyageurs soupèrent comme l'avait proposé M. Firmin; puis ils examinèrent la chambre dans laquelle ils se trouvaient. Elle était boisée tout à l'entour en planches de sapin mal jointes. Un endroit sur lequel on avait fraîchement collé du papier, attira le regard de la marquise; elle crut distinguer comme une porte retenue seulement par ce faible soutien, et craignit, non sans quel-

que apparence de raison, que ce ne fût par là
qu'on songerait à s'introduire auprès d'elle et de
son compagnon. En conséquence, elle arracha les
bandes de papier qui la fermaient; elle dérangea
la planche, qui effectivement tournait sur des
gonds, et vit avec effroi dans un angle peu profond, fermé par la jonction de deux murs, un
homme debout, qui paraissait blotti dans cette
étroite cachette. Elle appela M. Firmin, qui faisait
son inspection d'un autre côté, mais de quelle
horreur ne furent-ils pas saisis quand ils reconnurent que ce que la marquise avait pris pour un
assassin, était le cadavre de quelque malheureux
voyageur, immolé sans doute dans leur chambre
la nuit précédente. Il avait au sein gauche une
plaie profonde; et c'était probablement faute de
temps pour s'en débarrasser d'une autre manière,
qu'on l'avait placé à la hâte dans cette espèce
d'armoire, au moment de leur arrivée. Le papier
collé sur les fentes, l'avait été pour détourner
leur attention de cet objet. Ils refermèrent la
porte de leur mieux, en appuyant une chaise
contre elle; ils revinrent à celle de la chambre,
et entassèrent devant tous les meubles qu'ils crurent le plus capable de faire résistance. L'homme
d'affaire tira ensuite un matelas du lit, et le mit
par terre derrière les meubles, dont le mouvement
ne manquerait pas de le réveiller, s'il se laissait
aller au sommeil.

La chandelle, presque usée, fut placée par terre
à côté du matelas de M. Firmin, sur lequel celui-
ci se jeta tout habillé. La marquise, de son côté,

se mit de même sur le lit, avec la précaution de tenir d'une main son couteau de chasse, et de l'autre un pistolet, en cas de surprise. Là, n'osant se communiquer leurs idées, de peur d'être entendus, ou de ne pas entendre ce qui se passerait autour d'eux, ils se livraient à des réflexions d'autant plus tristes, que leur lumière, qui ne tarda pas à s'éteindre, les laissa dans une profonde obscurité.

Sur le minuit, un bruit faible d'abord se fait entendre dans la boiserie : la marquise est déjà sur pied, et M. Firmin, qui ne s'était point endormi, s'avance en tâtonnant du côté opposé. Une porte, qu'ils n'avaient point remarquée s'ouvre et sert de passage à deux hommes armés de poignards, qui, marchant sur la pointe du pied, s'éclairent avec une lanterne sourde portée par l'un d'eux. M. Firmin plonge avec force son couteau de chasse dans la gorge de celui qui se trouve près de lui, et la marquise frappe du tranchant du sien le poignet de celui qui portait la lumière, qui tombe et s'éteint. Tandis que, pour la rallumer, l'homme d'affaires cherche un briquet phosphorique dont il s'était muni, la marquise, qui a refermé la porte et s'est adossée contre, menace les deux meurtriers de ses pistolets s'ils poussent le moindre cri. Cette crainte ne pouvait rien sur celui qu'avait frappé M. Firmin, car il était déjà mort quand la lumière fut rallumée. L'autre, croyant toucher à sa dernière heure, se contenait de son mieux, quoiqu'il souffrît cruellement de sa blessure.

Où, et combien sont tes complices? lui demanda la marquise.

— Dans les caves, au nombre de sept, où ils attendent que nous leur annoncions le succès de notre entreprise.

— La maîtresse de l'auberge et le postillon....

— Sont compris dans ce nombre.

— C'est assez, je vais te mettre un mouchoir sur la bouche, et t'attacher aux barres de ce lit; si tu bouges, tu es mort.

A défaut de cordes, ils déchirèrent les draps par bandes et s'en servirent pour garrotter ce misérable, de manière à lui ôter tout moyen de s'échapper.

Maintenant, le chemin des caves?

— La porte en est ouverte, au pied de ce petit escalier.

Un épais bâillon étouffa ses cris; ensuite l'intrépide marquise fouilla les deux brigands, et leur trouva à chacun, outre leurs poignards, une paire de pistolets. Elle s'en empara, en donna deux à M. Firmin, et lui dit : « Voilà de quoi faire mordre la poussière à ces scélérats.

— Quoi, madame la marquise! vous voulez vous exposer..... Ne vaudrait-il pas mieux nous esquiver avant que les voleurs songent à revenir en force?

— Oui, faisons du bruit, et attirons-les à notre poursuite : que ferons-nous alors contre sept personnes? au lieu qu'en les surprenant, nous en aurons bon marché. Allons, M. Firmin, prenez cette lanterne, et descendons au caveau : en nous entendant venir, ils croiront avoir affaire à leurs camarades, et leur sécurité fera la nôtre. Marchons !

M. Firmin obéit à regret. Ce n'est pas qu'il ne fût brave ; mais il n'aimait pas à chercher le danger, tout différent en cela de la marquise, à laquelle une action d'éclat promettait les plus grandes jouissances. Ils descendirent le petit escalier, trouvèrent la porte des caves, y pénétrèrent, et virent au fond d'un long couloir une lueur assez vive qui leur fit présumer que c'était là l'endroit où se trouvaient les brigands. M. Firmin posa sa lanterne, s'arma comme la marquise de deux de ses pistolets, et s'avança avec elle vers la porte du caveau. Une lampe suspendue à la voûte éclairait assez mal ce séjour, et deux chandelles placées sur la table où la compagnie s'amusait à boire et à jouer, suppléaient à la faiblesse de cette lumière. Nos gens ne ménageaient point leurs pas, de sorte qu'ils furent entendus des bandits. Le postillon, qui faisait une partie de cartes avec trois autres, demanda sans se déranger, si on avait réussi.

Parfaitement, dit la marquise.

Et elle lâcha sur la troupe ses deux coups de pistolets ; M. Firmin en fit autant : cette brusque attaque jeta l'épouvante parmi les voleurs ; trois d'entre eux tombèrent en poussant des cris horribles ; la table fut renversée, les chandelles éteintes. La femme s'enfuit vers le fond, et les trois qui n'avaient point été blessés se réunirent et s'avancèrent le sabre à la main contre les assaillants ;

mais une seconde décharge en mit encore deux hors de combat. Le troisième, voyant ses camarades hors d'état de le seconder, tomba à genoux en demandant grace. La marquise fut sans pitié, et lui donna la mort avec son couteau de chasse. Elle envoya M. Firmin reprendre sa lanterne; ils examinèrent les blessés, et achevèrent ceux qui respiraient encore; mesure cruelle, mais nécessaire à leur sûreté dans le repaire où ils se trouvaient. Tranquilles de ce côté, ils s'enfoncèrent dans les caves à la poursuite de la femme qui s'était blottie entre deux futailles vides. Ils la ramenèrent sur le champ de bataille, et lui demandèrent si elle avait encore des complices. Cette misérable jeta les yeux autour d'elle, et dit qu'il n'en existait pas d'autres actuellement que les deux qui les avaient trahis; elle demanda la vie, qu'on lui accorda. La porte des caves fut fermée avec soin; l'on remonta avec la maîtresse de l'auberge dans la chambre, où elle frémit en voyant un de ses complices mort, et l'autre blessé et enchaîné. On la garrotta de même, en lui renouvelant l'assurance qu'il ne lui serait fait aucun mal; et l'on attendit patiemment le jour avec la lumière que l'on s'était procurée. La marquise et M. Firmin avaient eu la précaution de recharger leurs pistolets, de crainte de quelque nouvelle surprise, mais inutilement : toute la bande était tombée sous leurs coups. Dès qu'il fit jour, la marquise, se chargeant de la garde des prisonniers, envoya son compagnon préparer la chaise de poste. Quand il eut attelé, il remonta chercher à diverses reprises les effets de sa maîtresse et les siens. Ils forcèrent ensuite leur prisonnière à descendre et à se placer dans la voiture, à côté de la marquise ; M. Firmin ouvrit les portes, fit sortir la chaise de poste, et, tournant les chevaux du côté où l'aubergiste indiqua que se trouvait l'endroit habité le plus voisin, il se mit à la place du postillon après avoir bien refermé les portes, dont il prit les clefs. Arrivée à la ville voisine, la marquise se fit conduire chez le magistrat, qui reçut sa déposition, la remise de sa prisonnière, et celle des clefs de l'auberge.

Elle remonta ensuite dans sa chaise avec son homme d'affaires : ils étaient conduits cette fois per un postillon sûr que leur avait fait donner le magistrat ; ils arrivèrent donc sans aucun accident fâcheux à Paris, où, pendant quinze jours, on ne parla que de la courageuse marquise.

ROSGRAFF, BRIGAND ALLEMAND.

Rosgraff était le chef redouté de l'une de ces nombreuses bandes de brigands qui désolèrent pendant si long-temps les bords du Rhin. Sa bande était nombreuse, composée d'hommes déterminés, avec lesquels, à l'exemple de Schinder-Hannes, il tentait les entreprises les plus audacieuses. Déjà depuis long-temps les autorités faisaient des efforts infructueux, lorsqu'un ancien militaire, nommé Michel, se rendit chez le chef de la police, et lui offrit de lui donner les moyens de détruire cette bande : son dessein était de se faire admettre au nombre des brigands, et de saisir le moment favorable pour les livrer aux troupes que l'on enverrait contre eux. Ses offres ayant été acceptées, il s'y prit si bien que Rosgraff consentit à le recevoir, et l'introduisit dans les caves du vieux château de Volkemberg, depuis long-temps abandonné, et qui servait de retraite à ses bandits.

Il y avait déjà quelque temps que Michel, que l'on appelait aussi le Vétéran, avait été admis, et déjà il avait tout préparé pour atteindre le but qu'il s'était proposé, lorsqu'un jeune homme du même village que Michel, qui s'était aventuré dans les ruines du château, fut pris par les brigands et entraîné dans les caves.

La première personne qu'il y aperçut, fut Michel, qui s'écria :

— Sois le bien venu, Frédéric ; nous allons nous mettre à table, et je vais te présenter à notre capitaine.

Frédéric fut alors introduit dans la pièce qui servait de salle à manger.

— Comment t'appelles-tu ? dit le capitaine, qui occupait la place d'honneur.

— Frédéric, pour vous servir.

— Frédéric ! c'est trop long, désormais tu te nommeras Fritz.

— Comme vous voudrez, capitaine.

— Tes parents habitent le village ci-dessus ?

— Oui, capitaine, dit-il en poussant un soupir qu'il ne put arrêter.

— Tu les regrettes?

— N'est-ce pas bien naturel, capitaine?

— Oh oui! les préjugés... Ils te croiront emporté par une légion de diables, quand ils ne te verront pas revenir.

— Hélas! sans doute.

— Capitaine, interrompit le Vétéran, ce sont de bonnes gens. A leur santé!

— A leur santé!

Et les verres se choquèrent à la ronde.

Après maintes libations qui mirent les voleurs dans un état voisin de l'ivresse, Rosgraff, averti de l'approche du jour, ordonna que l'on se rendît chacun dans sa cellule, et qu'on se tînt prêt pour une expédition qui aurait lieu le soir même.

— En serai-je, capitaine? dit le nouveau venu.

— Oh que non! Je ne donne pas si vite ma confiance. Tu vas te retirer comme les autres; tu coucheras dans la cellule du Vétéran, qui t'y installera, et s'en retournera promptement chez son maître le laboureur, pour ne donner aucun soupçon. La nuit prochaine il reviendra te mettre au fait de tout ce qu'il est bon que tu saches; et, quand tu seras bien instruit, quand nous pourrons compter sur ta fidélité, tu partageras nos périls et nos bénéfices.

Tous les voleurs, au nombre de plus de quatre-vingts, souhaitèrent à Fritz une bonne nuit; il fut conduit par le Vétéran, à travers d'immenses souterrains éclairés, de loin en loin, par des lampes suspendues, dans une espèce de cabinet de sept à huit pieds carrés, où se trouvait un lit assez bon que son guide lui annonça être le sien. Tous deux avaient bien quelque chose à se communiquer, mais une méfiance réciproque les retint; le Vétéran dit à son nouveau camarade un bonsoir amical, et se retira.

Resté seul dans les ténèbres, Frédéric réfléchit sur la singularité de sa situation. Sa première pensée fut pour ses parents, dont il se peignit les inquiétudes et le désespoir. Ensuite, ne songeant plus qu'à lui-même, il se figura la gloire dont il allait se couvrir en délivrant le pays d'une bande aussi redoutée que celle de Rosgraff, et finit par s'endormir presqu'aussi tranquillement que s'il eût encore habité sa chaumière.

Il se réveilla enfin, sauta en bas de son lit, sortit de sa cellule, et parcourut le corridor au milieu duquel donnait sa porte, et qu'il avait à peine remarqué le matin en le traversant. Il avait environ trois cent cinquante ou soixante pieds d'étendue, et était éclairé dans sa longueur par quatre réverbères accrochés sur les côtés. Frédéric, ou Fritz, s'approcha de l'un d'eux; et vit à sa montre, qu'on lui avait laissée, qu'il était quatre heures après midi. Il suivit le corridor à droite, en examinant les lieux où il allait vivre; de chaque côté se trouvaient des portes numérotées et semblables à celle du cabinet où il avait passé la nuit; ce qui lui fit penser que cet endroit servait de dortoir à toute la troupe. Quelques-unes de ces portes étant ouvertes, il y donna, sans y entrer, un coup-d'œil qui le confirma dans sa première idée. A l'extrémité du corridor, il fut arrêté par une épaisse grille de fer qui le força de retourner sur ses pas. Il revint donc à l'autre bout, et entra dans une salle spacieuse et garnie d'une batterie de cuisine bien montée, de deux grands fourneaux et d'une cheminée, dont le feu ardent cuisait les viandes destinées au déjeûner dînatoire de ces messieurs.

C'est donc vous, mon poulet, lui dit une vieille femme qui venait de relever le poids du tourne-broche, c'est donc vous qui venez augmenter le nombre de nos braves? Il est gentil, ce serait dommage qu'il fût pendu.

— Paix! vieille sorcière, reprit le capitaine, qui entrait dans ce moment par une autre porte; allez-vous encore faire un poltron de celui-là, comme de Fidesco et de Guillaume, que nous avons été obligés de vous laisser comme aides de cuisine? Par la mort! si pareille chose arrive, je vous enverrai faire des poltrons dans l'autre monde. Allons, poursuivit-il, le déjeûner est-il bientôt prêt?

— Où sont ces deux drôles pour le servir?

— Dans l'instant, seigneur Rosgraff, répondit la vieille épouvantée. Ils sont allés casser du bois dont j'ai besoin pour achever mon rôti, qui ne demande plus qu'un coup de feu; vous pouvez vous mettre à table, vous serez servis dans la minute.

— A la bonne heure. Viens, Fritz, et n'écoute pas Barbara, car tu t'en repentrais.

Frédéric passa avec le capitaine dans la salle où l'on avait soupé la veille; il y trouva tous les brigands, occupés les uns à jouer, les autres à nettoyer leurs armes, dont le magasin était dans une pièce à côté. Tous se levèrent à l'aspect de Rosgraff, et quittèrent leurs occupations pour venir se mettre à table avec lui. Ils le saluèrent avec respect, et firent un signe de tête amical à Fritz, qui le leur rendit, et se plaça par ordre du capitaine à sa droite, entre lui et son lieutenant; le sous-lieutenant était à la gauche du chef; mais Frédéric ne connut leur dignité que par la conversation.

— Eh bien! lui dit Rosgraff, en lui faisant verser à boire, te trouves-tu bien parmi nous?

— Je n'ai pas encore eu le temps de m'y déplaire, capitaine : ma première occupation en arrivant parmi vous a été de prendre un bon repas, la seconde de me mettre au lit, où j'ai dormi jusqu'à ce moment....

— Tu as dormi?

— Comme dans mon lit, capitaine.

— Allons, c'est bon signe.

— En me réveillant, vous me faites mettre encore une fois à table, et j'ai l'honneur d'y être à vos côtés; tout cela me promet une vie charmante et bien au-delà de ce que je pouvais espérer dans mon village.

— Bien! mon garçon; continue, nous ferons quelque chose de toi.

Messieurs, ajouta-t-il, en s'adressant à toute la troupe, il y a un superbe coup à faire cette nuit. J'ai appris par le Vétéran qu'il devait passer sur le grand chemin, à quelques milles d'ici, un convoi considérable d'argent que l'archiduc a fait demander à l'empereur. Trente hommes seulement de bonnes troupes lui servent d'escorte; j'ai résolu d'attaquer ce petit détachement : cinquante hommes viendront me rejoindre par différents détours, au Saut de la biche; là, nous nous tiendrons en embuscade, et les deniers impériaux grossiront la caisse commune.

— Vive le capitaine! s'écrièrent tous les brigands.

— Ce n'est pas tout. Dix d'entre vous feront une excursion du côté de l'ermitage, sous les ordres de Cœur-de-Fer : Brisemont en prendra dix autres pour battre avec eux les bords du Rhin; et le reste de la troupe, sous les ordres du Vétéran, qui viendra ici vers dix heures, gardera les souterrains et le château.

Le repas s'acheva avec la gaîté accoutumée. Le sort désigna les hommes qui devaient accompagner Rosgraff, et marcher avec ses deux lieutenants. Le Vétéran arriva, selon sa promesse, à dix heures, et distribua ses hommes à leurs postes, tandis que le capitaine et ses lieutenants prenaient, avec les leurs, les différents chemins qui menaient à leur destination.

Lorsque le Vétéran se trouva seul avec Fritz, il l'entraîna dans un coin de la salle, et lui parlant à voix basse :

Que pensez-vous de ce séjour? lui dit-il. Le

jeune homme, incertain de la réponse qu'il devait faire, garda le silence, et jeta sur son interrogateur un regard soupçonneux.

J'ai vu votre mère, ajouta l'autre; elle se désole, elle vous croit perdu pour toujours.

— Ma mère!...

— Non, reprit le Vétéran avec une sorte d'explosion, je ne puis croire que le fils de l'honnête Brandt soit déjà corrompu au point de se plaire avec des brigands; vous ne me dites rien, parce que vous me jugez par la compagnie dans laquelle vous me trouvez; je vois que ma confiance seule peut attirer la vôtre, et je vais vous la donner tout entière. Si vous me trompiez! si vous étiez capable de me déclarer au capitaine........ Mais non, ce soupçon est indigne de nous; que serait d'ailleurs auprès de lui le témoignage d'un inconnu, comparé aux services que je parais lui rendre depuis deux années?

— Ah! mon cher Vétéran, vous soulagez mon ame d'un grand poids; je suis trop heureux de retrouver en vous les sentiments qui m'animent.

— J'entendis parler, il y a deux ans, de la bande de Rosgraff, et des crimes qu'elle commettait sur les deux rives du fleuve. Honteux pour mon pays de voir que le ministère ne prenait pas les mesures nécessaires pour exterminer cette horde dévastatrice, je fus trouver le magistrat, je lui peignis avec chaleur les attentats de ces brigands, leur audace et la résolution que j'avais prise de m'aggréger à leur troupe, afin de travailler secrètement à les détruire. *Comment vous nommez-*

vous? me dit le chef suprême de la police, *Michel Berghem*, lui répondis-je. Il prit mes noms par écrit.

« Michel Berghem, ajouta-t-il, votre résolution est celle d'un homme courageux et honnête; exécutez-la donc le plus promptement possible, et faites-moi savoir de temps en temps où vous en êtes : je vous seconderai de tout mon pouvoir; et, s'il arrivait que vous fussiez arrêté, gardez cette bague, elle vous servira de sauvegarde contre des poursuites ultérieures. »

Je remerciai son excellence; je m'armai d'un sabre et de deux pistolets, et, enveloppé d'un manteau, je vins rôder dans les bois que je savais être le théâtre des brigandages de Rosgraff et de ses dignes compagnons. Trois nuits de suite j'échouai dans mon projet de les rencontrer. Enfin, la quatrième, je fus plus heureux : j'entendis les coups de feu qu'ils tiraient sur quelques malheureux voyageurs, et, m'étant mis sur leur passage, je m'enfuis à leur approche. Deux hommes se détachèrent à ma poursuite, et m'atteignirent d'autant plus aisément que ma fuite n'était que simulée. Ils me ramenèrent devant le capitaine; qui, me trouvant accoutré dans le genre des siens, me demanda de quelle bande j'étais.

D'aucune en ce moment, lui répondis-je; je servais dans celle de Schinder-Hannes qui a été dispersée il y a plus de quinze jours, et, n'ayant pu rejoindre aucun de mes camarades, je travaille pour mon compte en attendant que je les retrouve.

— Es-tu content de ta situation? me dit-il amicalement.

— Ma foi non, capitaine ça ne donne presque pas : autant vaudrait être honnête homme que de faire aussi peu de chose dans un métier aussi dangereux.

Mon exclamation le fit rire.

Eh bien! me dit-il, si tu veux m'être fidèle, comme tu le fus à Schinder-Hannes, je te recevrai dans ma troupe, qui, comme tu le verras, vaut bien la sienne. Le promets-tu?

— Je le jure, capitaine.

— Suis-moi donc.

Je croyais tout fini comme cela, et je me félicitais d'avoir si bien réussi, lorsque se ravisant :

— Comment t'appelles-tu? me dit-il.

— Mes camarades ne me nommaient pas autrement que le Vétéran, parce que j'ai fait quelques campagnes.

— Eh bien, Vétéran! tu vas être reçu dans notre demeure; mais, comme il faut que j'éprouve ta fidélité avant de m'y confier, on va te bander les yeux, et mes gens te porteront jusqu'à ce que nous soyons arrivés chez nous. Tu es encore le maître de rompre ton engagement.

— Capitaine, je suis à vous à la vie, à la mort.

Il fit faire avec des branches une espèce de civière sur laquelle on me plaça, puis on me banda les yeux.

Ce n'est pas tout, reprit Rosgraff, il faut que je te prévienne que tu feras trois mois d'épreuve avant d'être initié dans nos mystères.

— Dix, si vous le voulez, capitaine, pourvu que vous me nourrissiez bien; mon seul regret sera de ne pas combattre à vos côtés.

— Oh! tu trouveras parmi nous des sujets de distraction. Nous avons recruté, il y a quelques mois, un homme de la troupe de ton premier capitaine, tu seras en pays de connaissance.

Cette chute ne m'accommodait pas du tout; je sentais trop bien l'impossibilité d'être reconnu par un homme qui jamais ne m'avait vu. N'importe, je dissimulai mon inquiétude : après une bonne heure de marche, je me sentis poser doucement à terre; mon bandeau tomba, et je me trouvai dans cette salle, au milieu d'une trentaine de bandits qui se pressaient autour de leur nouveau camarade.

Où est Knob? dit le capitaine. Je me doutai qu'il s'agissait de ma confrontation, et je tâchai de faire bonne contenance.

Il est, répondit une voix, sorti en détachement avec Brisemont, et une dixaine d'autres; ils ne sont pas encore rentrés.

— Quand ils arriveront, fais-le venir.

Brisemont rentra; ses gens étaient chargés de valises, de malles, et d'effets de toute espèce.

Knob est-il là? demanda Rosgraff.

— Capitaine, reprit Brisemont, il est dans le séjour des braves. Il a été frappé d'une balle à l'attaque de la diligence; moi-même, plus heureux que lui, j'en ai été quitte pour un coup de sabre qui m'a effleuré le bras gauche.

— Oh! ce pauvre Knob, m'écriai-je, moi qui

me promettais si bien de l'embrasser! C'était un vaillant coquin!

—Je vois que tu le connaissais, me dit le capitaine; mais, que veux-tu! c'est notre sort commun : cela vaut encore mieux que la place publique.

Lorsque j'eus passé mes trois mois d'épreuve, pendant lesquels je me conduisis avec beaucoup de circonspection, Rosgraff me fit appeler dans son cabinet.

Vétéran, me dit-il, je suis content de toi, et te voici arrivé au moment de m'être utile. Mais, continua-t-il, en me considérant avec attention, *ce n'est pas dans nos expéditions que je veux t'employer. Sais-tu que tu as plutôt la mine d'un honnête homme que de l'un des nôtres? Il ne faut pas rougir pour cela; on ne se fait pas le visage, mon ami; d'ailleurs, c'est cet air qui m'a inspiré la pensée de ne point t'exposer au feu.*

Je me crus privé à jamais de toute communication avec le dehors, et certes je n'avais pas l'air satisfait.

Je vois, reprit le capitaine, *que tu préfèrerais te signaler avec nous; mais console-toi, tes services ne nous seront pas moins nécessaires.*

Il m'apprit alors tout ce qui se passait dans le château de Volkenberg, dont il me détailla la position; me dit qu'il avait besoin d'un homme adroit et point suspect, pour surveiller ceux qui seraient tentés de s'y introduire, et qu'à cet effet il fallait que j'allasse m'établir dans le village sous lequel passaient les souterrains que nous habitions. Cette nouvelle me mit plus à mon aise; cependant je n'en témoignai rien, et le capitaine demeura persuadé que cette sorte d'exil me faisait un peu de peine. Il me conduisit dans tous les détours de son habitation, et me mit dehors, après m'avoir donné toutes les instructions qu'il jugea nécessaires pour ma conduite à venir et mes voyages secrets.

Que vous dirai-je, mon cher Frédéric? voilà plus de dix-huit mois que je vis tantôt sur la terre, tantôt dessous, sans avoir pu réussir encore dans mon projet. J'ai fait passer différents avis au magistrat; les premiers ont été rejetés, d'autres suivis avec négligence, et la bande est restée presque intacte. Aujourd'hui....

— Silence, dit Frédéric, voici Barbara.

— Ne la craignez point, mon jeune ami; c'est ma mère que j'ai trouvé le moyen d'introduire ici, et à qui j'ai fait prendre ce nom. Guillaume et Fidesco sont mes jeunes frères, qui successivement sont tombés, comme sans le vouloir, entre les mains des brigands; nous sommes, en vous comptant, cinq honnêtes gens dans la caverne. Mais qu'est-ce que ce nombre contre quinze à vingt de ces scélérats qui y passent chaque nuit? J'ai fait tous mes efforts pour morceler la troupe du capitaine, et jusqu'ici rien n'a pu réussir; comme je vous le disais tout-à-l'heure, je compte beaucoup sur l'expédition d'aujourd'hui, l'escorte du prétendu convoi devant être au moins trois fois plus forte que je ne l'ai annoncé; mais je tremble que a bonne fortune de Rosgraff ne l'emporte encore sur nos combinaisons. Cet homme a beaucoup de courage, un coup-d'œil sûr; c'est dommage qu'il emploie ses grandes qualités à faire le mal.

Ici Michel fut interrompu par l'arrivée du sous-lieutenant Brisemont et de sa compagnie, qui rentrèrent après avoir dépouillé des voyageurs à cheval. Trois chevaux chargés de leurs porte-manteaux étaient le fruit de cette expédition, dans laquelle leurs cavaliers avaient été laissés morts sur la place.

Un instant après, de nouveaux arrivants se firent entendre :

Corbleu, Vétéran! dit le capitaine, nous venons d'une rude affaire, et c'étaient des coups sans profit. Vingt des nôtres sont restés sur le carreau; je ramène sept blessés, dont trois assez grièvement. Par la mort! c'est une rude perte, il faut des années pour faire des hommes tels que ceux-là. Maudits soldats, ils étaient au moins cent; ce qui me console, c'est qu'ils n'ont aucun de nous en vie. Mais il a fallu toute ma présence d'esprit pour sortir de ce mauvais pas. Si j'eusse perdu la tête, aucun de nous n'en réchappait. Je dois les plus grands éloges à Crustern, à Paul et à Boisrude, qui ont parfaitement secondé mes manœuvres, et sont rentrés par deux fois dans la mêlée pour arracher deux de leurs camarades vivants des mains de nos ennemis, et les ont ramenés au rendez-vous que j'avais indiqué en cas d'accident. Allons, la vieille, du vin! nous en avons bien besoin pour réparer nos forces.

Plusieurs jours s'écoulèrent sans que les choses changeassent de face ; enfin un matin Michel dit à Frédéric :

— A ce soir le grand coup.

— Comment cela ?

— Vous le saurez. Apprenez seulement que ce soir nous serons les maîtres ici.

A ces mots, il lui serra la main, lui fit signe de ne rien laisser paraître, et s'en alla, dit-il, chez son laboureur.

Frédéric tremblait que son ami ne réussît pas dans son plan, qui, d'après le ton qu'il avait pris, devait être décisif. Il attendit avec impatience le moment où le capitaine donnerait ses ordres pour ce qu'il appelait *le travail*.

Messieurs, dit celui-ci, quand le déjeûner fut à peu près terminé, deux grands événements se préparent dans ces lieux. Mon union avec la charmante Anna, et la réception de Fritz : oui, mon cher, ajouta-t-il, je remarque dans tes yeux, depuis quelques jours, une ardeur extraordinaire ; je crois pouvoir l'interpréter, et si nos camarades n'y trouvent point d'inconvénient, je t'adopte dès ce moment : tu vas faire avec moi, ce soir, ta première sortie. Qu'en dis-tu, mon brave ?

— Capitaine, je ne sais comment vous témoigner ma satisfaction et ma reconnaissance.

— Et vous, camarades, qu'en pensez-vous ?

— Qu'on peut l'admettre, dirent tous les voleurs.

— Soit donc. Nous verrons comment tu te tireras d'affaire. Demain je me présenterai, comme de coutume, chez ma belle prisonnière ; je l'inviterai à déjeûner avec nous pour la première fois, et c'est à table que je lui ferai mes propositions. Ce soir, mes amis, je n'ai point de plan fixe, je n'ai reçu aucun avis qui méritât la peine de s'y arrêter : nous allons donc former trois troupes de seize hommes chacune, et nous nous répandrons dans le voisinage, pour voir ce que le hasard nous amènera. C'est une chose singulière ! le Vétéran n'arrive pas. il devrait être ici ; il est près d'onze heures. Diable ! cela me contrarie. Brisemont, prends avec toi les hommes dont le tour est venu, et va placer les sentinelles. Toi, Cœur-de-Fer, choisis tes seize braves, et pars. Je vais, avec les miens, en faire autant. Philippe, tu seras des nôtres ; va chercher une paire de pistolets, un sabre et une carabine pour Fritz... Les seize hommes restants attendront Brisemont, et sortiront avec lui. Bien, Philippe ! Arme-toi, Fritz, et marchons !... Ah ! te voilà, Vétéran ! tu viens bien tard !

— Capitaine, je suis charmé que vous ne soyez pas encore parti. Il doit passer de l'autre côté du bois, sur la grande ronte, une berline, dans laquelle voyage incognito un personnage de la plus haute distinction ; il a dans sa voiture et dans celles qui le suivent, de l'or, des bijoux, et une immense quantité de vaisselle plate.

— Bravo ! Vétéran !

— Vous, emmenez vos hommes à pied ; vous, prenez Fritz avec vous. A cheval capitaine, à cheval ! ou les voitures seront passées avant que vous soyez au milieu du bois. Sais-tu monter à cheval, Fritz?

Et il lui fit un signe négatif. Pas trop, répond le jeune homme.

— Allons, tu ne seras pas de la partie aujourd'hui... Ne te désole pas! ce sera pour demain; n'est-ce pas, capitaine?

— Oui, oui. Mais comme tu arranges tout cela! quand tu serais moi, tu ne commanderais pas mieux.

— Pardon, capitaine, ce que j'en dis...

— C'est pour l'intérêt général, et je ne me fâche pas. Seulement je vais prendre sept des hommes que je laissais à Brisemont. Allons! à cheval.

Et il s'élança, suivi de toute sa troupe, dans le corridor qui menait à l'extérieur.

Ce diable d'homme! disait Michel entre ses dents, il semble qu'il prévoie tout! avoir été augmenter sa troupe de sept hommes!... N'importe, le sort en est jeté.

Brisemont revint après avoir posé ses factionnaires; il apprit ce qu'avait fait Rosgraff, et partit à pied avec ses dix hommes.

Lorsque le Tétérau se vit seul avec Frédéric, il lui dit :

Le moment de votre délivrance est arrivé; mais il ne s'effectuera peut-être pas sans quelque tumulte; ne vous effrayez donc point du bruit que vous pourrez entendre; enfermez-vous soigneusement, et n'ouvrez qu'à celui qui prononcera ces mots : *Honneur au courage.*

Soyez tranquille, d'ailleurs : nous veillons sur vous.

Il alla ensuite avec son ami à la cuisine; sa mère et ses frères y étaient; il y dévoila son projet. Le magistrat avait obtenu du gouvernement la disposition, pour cette nuit, de soixante-quinze grenadiers du régiment d'Esterazy, qui se trouvait en garnison dans la ville voisine. Quinze hommes sûrs avaient été introduits par le Vétéran dans le château; il leur avait fait connaître les passages qui conduisaient aux souterrains, et en avait placé deux dans des cachettes à la portée de chacun des postes où l'on plaçait les factionnaires de ce côté; de sorte que ces factionnaires devaient être égorgés sans bruit, au moment où l'horloge du hameau sonnerait minuit. Michel avait promis aussi d'ouvrir, à minuit sonnant, la trappe qui avait manqué sous les pieds de Frédéric à son arrivée parmi les voleurs, et de placer une lumière en bas, de manière à ce qu'ils fissent sans danger le saut nécessaire pour parvenir à la partie des souterrains occupée par les brigands. Il ne s'agissait plus que d'empêcher ceux qui se trouvaient de garde à l'autre extrémité, de s'échapper par le bois, s'ils entendaient quelque bruit qui leur donnât l'alarme. En conséquence, le plan éprouva quelque modification; le Vétéran, sûr qu'il n'y avait aucun danger de ce côté, chargea sa mère de l'ouverture de la trappe et du placement de la lumière à l'heure convenue. Il ouvrit ensuite avec de fausses clefs le magasin d'armes et de munitions, que le capitaine tenait toujours soigneusement fermé, y choisit pour lui et chacun de ses trois compagnons un sabre et deux paires de pistolets qu'il chargea; ce qui leur donnait, à tous, quatre coups à tirer. Après quoi ils prirent successivement le chemin de la grotte par où les voleurs devaient rentrer, et ils attendirent, à peu de distance de la porte extérieure, le moment d'agir.

Dès que minuit sonna, les deux jeunes frères sautèrent sur la sentinelle qui veillait à cette porte, étouffèrent ses cris, et lui plongèrent leurs sabres dans le corps. Après quoi ils mirent en travers deux poutres solides qui servaient de serrure quand toute la troupe était dans l'intérieur. Cependant, Frédéric et Michel égorgeaient, chacun de leur côté, les factionnaires qui se trouvaient le plus près d'eux. Ce coup ne put se faire sans que l'un d'eux poussât des cris plaintifs, qui furent entendus; et quatre coups de pistolets tirés selon la consigne, comme cris d'alarme, par les quatre factionnaires qui restaient encore à différents postes de ce côté, firent connaître aux conjurés que leur dessein était soupçonné; ils se serrèrent tous quatre l'un contre l'autre, et, le sabre nu au côté, un pistolet armé de chaque main, ils redescendirent le grand corridor d'entrée. Cependant les quatre voleurs avaient quitté leurs postes, s'étaient réunis à quelque distance, et s'avançaient rapidement à la rencontre de Frédéric et de ses camarades.

Qu'y a-t-il de nouveau? leur crièrent-ils du plus loin qu'ils les aperçurent.

— Rien, reprit le Vétéran ; c'est cet imbécille de Boisrude qui s'était endormi ; Fritz, en se promenant, a passé près de lui, l'a secoué un peu rudement ; l'autre s'est cru mort, et a fait les cris que vous avez entendus. Nous n'étions pas loin ; nous sommes accourus pour voir ce que c'était, et nous avons tancé le criard de manière qu'il ne recommencera pas, je vous en réponds. Allons, mes amis ! ajouta-t-il en tirant un flacon de sa poche, une petite goutte avant de nous séparer, et vite chacun à nos postes.

Pendant que les brigands buvaient sans méfiance, Fritz, Guillaume et Fidesco les entourèrent, et mettant une main sur le collet à trois d'entr'eux, ils leur présentèrent la pointe de leur sabre : Rendez-vous, dirent-ils, ou vous êtes morts. Michel avait jeté son flacon, et présentait deux de ses pistolets au quatrième :

Ah ! traître ! dit celui-ci.

Et il tira au Vétéran un coup dont la balle lui effleura le bout de l'oreille. Michel ne le marchanda pas, et lâchant à la fois ses deux coups à bout portant, il l'étendit mort. Les trois autres mirent bas les armes, furent étroitement garrotés et enfermés dans un cachot où le capitaine faisait jeter ceux qui manquaient à la discipline.

Dans ce moment un des bandits qui avait trouvé le moyen d'échapper au massacre de ses camarades, s'élança par l'ouverture, renversa Barbara, et courut comme un fou dans la salle à manger en criant : *Aux armes ! nous sommes trahis !* Les amis furent au-devant de lui, le saisirent sans peine, et l'envoyèrent tenir compagnie aux trois prisonniers. Ce fut alors que parurent les quinze grenadiers d'Esterazy. *Honneur au courage!* leur cria Michel, afin d'éviter quelque méprise funeste. Aucun d'eux n'avait été blessé, et ils étaient à la poursuite du brigand qui leur avait échappé. On était donc tranquille du côté du château. La trappe de communication fut barricadée. On prit le chemin de la grotte; mais, avant de s'y rendre, on entra dans le cachot; on força les quatre brigands à se dépouiller de leurs habits, dont quatre grenadiers se revêtirent. On effaça les traces de sang qui auraient pu donner de l'ombrage à ceux que l'on attendait. On ôta les poutres qui barraient l'entrée; les quatre militaires déguisés furent placés aux premiers postes de la caverne, et, à l'exception du Vétéran qui restait là pour ouvrir, tout le monde se cacha dans diverses cavités voisines, ayant soin de se tenir prêt au moindre bruit.

A peine tous ces arrangements étaient-ils exécutés, que le lieutenant Cœur-de-Fer donna le signal convenu.

Oh! oh! Messieurs, dit Michel, en ouvrant la porte, vous voilà rentrés de bonne heure! et vous n'avez rien fait à ce qu'il me semble?

— Ah! ma foi, bien peu de chose; nous avons tué un pauvre diable qui n'avait que deux florins dans sa poche.

— Allons, reprit le Vétéran en fermant la porte sur le dernier qui venait de passer, *honneur au courage!*

A ces mots, les quatre déguisés prirent poste avec lui devant la porte en présentant aux brigands le bout de leurs pistolets; les quinze autres sortirent à la fois de leurs cachettes, et les voleurs se trouvèrent cernés de toutes parts. Cœur-de-Fer se défendit comme un lion; ses gens, animés par son exemple, en firent autant; mais le voyant renversé par un coup de feu, et quelques-uns d'entr'eux ayant aussi mordu la poussière, le reste mit bas les armes, fut dépouillé de ses habits, fortement lié de cordes qu'on avait préparées, et jeté au cachot.

Pendant que Frédéric et ses camarades se hâtaient de faire disparaître les traces de la mêlée, les onze grenadiers quittaient leur uniforme, et endossaient les vêtements des prisonniers. Deux d'entr'eux avaient été blessés, mais si légèrement qu'ils ne voulurent point se retirer, et se déguisèrent comme les autres. Au bout d'une demi-heure, Brisemont rentra accompagné de ses neuf hommes, qui, dit-il, n'avaient trouvé aucune occasion de se signaler.

— Il sent la poudre ici? ajouta-t-il.

— Oui, reprit Michel; c'est Philippe, qui, en rentrant, vient de lâcher étourdiment un coup de pistolet. Cœur-de-Fer l'a mis aux arrêts pour la peine.

On laissa avancer le sous-lieutenant avec sa troupe, et ils furent investis si subitement, qu'ils n'eurent pas même la pensée de se défendre. On les désarma donc, et on les plongea dans le cachot, dont la garde fut confiée aux soins de

Guillaume et de Fidesco, que l'on arma chacun d'une espingole, avec menace aux prisonniers de faire feu sur eux au moindre mouvement.

— Voilà notre besogne à peu-près terminée, dit le sergent qui commandait les grenadiers.

— Pas encore, Messieurs, reprit le Vétéran ; vous ne tenez pas Rosgraff, qui vaut à lui seul mieux que toute sa bande, et nous donnera peut-être beaucoup plus de mal.

Bon! et les soixante hommes qui l'attendaient de l'autre côté du bois? Ces gaillards-là ne sont pas manchots!

— Eh! le capitaine ne l'est pas non plus. Prenons donc toutes nos précautions, comme si nous nous attendions à l'avoir sur les bras. Je regrette bien de lui avoir conseillé de faire monter sa troupe à cheval; mais je ne voyais que ce moyen de l'empêcher d'emmener Fritz, et cette circonstance peut lui avoir donné un grand avantage, qu'il conserverait sur nous, si nous l'attaquions comme les autres à sa rentrée. Je suis d'avis qu'on lui laisse le temps de remettre ses chevaux à l'écurie : dans tous les cas le mot d'ordre sera le signal de l'attaque.

Les treize hommes de réserve se placèrent dans les environs de l'écurie, et Barbara, travestie en brigand, aussi bien qu'eux, voulut leur tenir compagnie. Le jour était près de paraître lorsqu'un bruit de chevaux se fit entendre à l'extérieur. Michel ouvrit comme à l'ordinaire, et les vingt-six hommes entrèrent successivement.

— Où est donc le capitaine? demanda leur

introducteur aux premiers qui se présentèrent.

— En dehors, pour protéger notre passage.

Lorsqu'ils eurent tous pénétré dans l'intérieur,
Rosgraff parut; il avait l'air sombre; il demanda
si tout le monde était rentré.

— Cœur-de-Fer et sa troupe sont encore absents,
dit le Vétéran.

— C'est bon !

Il conduisit ses hommes à l'écurie; pendant ce
temps les quatre factionnaires se replièrent à
sa suite, et se cachèrent comme les autres, auprès du lieu où le capitaine descendait de cheval. Pendant qu'on attachait les animaux au
ratelier, Rosgraff sortit le premier de l'écurie,
et Michel se présenta seul à lui; le capitaine
détourna les yeux.

— Il me semble, dit-il, que j'ai vu Fritz en fac-
tion auprès de la porte ?

— Oui, capitaine : Furet s'est trouvé indisposé,
et Fritz s'est offert de si bonne grace à le rem-
placer, que j'y ai consenti.

— Vous avez mal fait, reprit sèchement le capitaine : ce n'est pas quand il y a des traîtres parmi
nous que l'on confie à de nouveaux venus un
poste aussi important.

— Des traîtres?

— Oui : l'avis touchant la berline était faux ;
nous avons trouvé à la place une troupe nombreuse en embuscade; il a fallu faire plus de
quatre lieues en avant, pour nous réunir au lieu
du rendez-vous, que j'avais heureusement changé

en entrant dans le bois. Sans cette précaution, j'aurais sans doute rencontré là une nouvelle embuscade.

— Capitaine.... j'avais été mal instruit.... Soupçonnez-vous quelqu'un ici ?

— Oui ; je soupçonne et je connais le perfide.

— Nommez-le, capitaine.

— C'est toi, dit Rosgraff, et ce bras va payer ta trahison !

Le Vétéran n'eut que le temps de se mettre en garde et de crier : *Honneur au courage!* Aussitôt les grenadiers entrèrent dans l'écurie, et faisant feu tous ensemble sur les brigands, les mirent presque tous hors de combat, et s'emparèrent du reste. Cependant Michel avait fort affaire avec le capitaine, qui se battait en désespéré. Déjà il avait fait et reçu plusieurs blessures considérables, lorsque Barbara, songeant au danger que courait son fils avec un homme de la force de Rosgraff, accourut, et tira à ce dernier un coup de pistolet à bout portant, qui l'étendit mort à ses pieds. Ceux des bandits qui vivaient encore, venaient d'être enchaînés comme leurs camarades. Alors le cri de victoire retentit dans les souterrains.

A cinq heures du matin, Frédéric était à la porte de ses parents, et Michel Berghem en route pour faire part au magistrat des événements de la nuit. Les soixante hommes égarés à la poursuite des brigands, n'avaient pu se rendre aux environs de la caverne, comme l'on en était conyenu ; ce qui avait laissé à vingt personnes seulement toute la gloire de cette nuit mémorable. On envoya un détachement pour opérer le transport des prisonniers à la maison d'arrêt.

L'instruction du procès de ces brigands fut longue ; car les crimes qu'ils avaient commis étaient innombrables. Ce ne fut que quinze mois après leur arrestation, qu'ils furent condamnés, et expièrent leurs forfaits sur l'échafaud.

FILEMON, VOLEUR FRANÇAIS.

Le temps de la régence, ce temps de saturnales et de plaisirs, ne fut pas moins fécond en voleurs adroits qu'en femmes galantes, et Filemon fut l'un des plus résolus de ce temps. Le nombre des vols qu'il commit est immense, et presque tous sont remarquables par l'adresse et l'audace avec lesquelles ils ont été exécutés. Nous raconterons les principaux.

Un marchand de Beaune, nommé Bonhomme, et que son nom semblait caractériser parfaitement, vint à Paris pour y faire des emplettes ; son accoutrement était plutôt celui d'un fermier que d'un commerçant ; mais sa bourse était des mieux garnies. Un soir, un de ses amis le voit arriver tout effaré et accompagné de deux archers.

— Ah ! mon Dieu ! s'écrie Bonhomme en entrant, attestez donc, monsieur Blinval, que je ne suis pas un voleur !...

— Que voulez-vous dire ?

— Vous avez vu ma bourse ce matin, dites à ces messieurs de quelle couleur elle était.

— Elle était bleue, et paraissait, ma foi, bien garnie : j'imagine qu'il pouvait bien y avoir cinquante pistoles.

— Eh bien ! messieurs, dit Bonhomme aux archers, suis-je un imposteur ?... N'est-il pas vrai, Monsieur Blinval, que je suis de Beaune en Bourgogne ? que j'y suis marchand de drap, propriétaire de plusieurs arpents de terre et ouvrées de vigne ? domicilié dans une maison qui m'appartient, et pour preuve, tenant d'une part à...

— Ces détails sont inutiles, interrompirent les archers ; que monsieur qui est domicilié et connu à Paris, réponde de vous, et nous vous laisserons attendre en liberté que l'on ait pris de plus amples informations.

Monsieur Blinval déclara qu'il répondait corps pour corps de Bonhomme, qui était l'une de ses plus anciennes connaissances, et les archers se retirèrent satisfaits.

— Maintenant, dit le parisien au beaunois, j'espère que vous allez me donner des détails sur cette aventure.

— Ne parlez pas, répondit Bonhomme ; il n'y a pas de plus horrible pays que le vôtre : Je viens d'être battu, volé, humilié, mystifié, menacé, outragé de toutes les façons. Je n'y conçois rien, j'en perds la tête ; et ce qu'il y a de plus épouvantable, c'est que les apparences sont toutes contre moi... Il faut que le diable s'en mêle, il y a là dessous quelque sortilége... En vérité, je n'oserais raconter la chose à quelqu'un qui me connaîtrait moins que vous; mais, comme je suis persuadé que vous ne me croirez pas un voleur, je vous dirai tout. Imaginez-vous qu'après avoir fait quelques emplettes dans la ville, après lesquelles il me restait encore trente pistoles et quelque monnaie, je vais au Palais, j'entre à la Sainte-Chapelle, et je reviens dans la grande salle pour voir cette foule de plaideurs qui se promène. J'avais, crainte d'accident, serré soigneusement ma bourse et mis mon mouchoir par dessus. Je me promenais depuis un quart d'heure lorsqu'il s'éleva une grande rumeur à quelques pas de moi; je me retourne, et je vois un gentilhomme, très-richement babillé, ayant un rouleau de papiers sous le bras, qui s'écrie qu'on vient de lui voler sa bourse, et qui donne les marques du plus violent désespoir. Il désigne cette bourse, dit qu'elle est rouge et dit qu'elle contient cent pistoles. Tout le monde se rassemble autour de lui; je me joins aux spectateurs et comme eux je prends part à la peine de cet honnête cavalier. Mais ne voilà-t-il pas qu'il me regarde fixément, dit me reconnaître pour m'avoir vu près de lui à la Sainte-Chapelle, et enfin m'accuse ouvertement de lui avoir volé sa bourse. Je n'en fis que rire d'abord, et je lui dis :

— Monsieur, je suis de Beaune; je suis homme d'honneur et fort connu; le malheur que vous éprouvez me fait excuser votre méprise.

J'espérais que cela n'irait pas plus loin; mais voilà que le gentilhomme me prend par le bras, m'entraîne à l'écart et me dit :

— Mon ami, tu es un misérable; mais je ne veux point te perdre : rends-moi ma bourse, et vas te faire pendre ailleurs.

Je vous laisse à penser combien ce langage m'indigna; j'en restai pétrifié.

— Mais est-ce pour tout de bon, lui dis-je enfin, que vous me demandez votre bourse?

— Allons, dépêche-toi, ou je me fâche.

— Corbleu! je vais me fâcher le premier, et vous montrer à qui vous avez affaire.

Je commence à crier, mais il crie plus fort que moi, et me saisit au collet. Un huissier passe, il réclame son assistance, et demande que je sois fouillé sur-le-champ. Cela était fort humiliant; mais je ne pouvais m'y refuser sans me faire présumer coupable : fort de mon innocence, je prends mon parti.

— Eh bien! que l'on me fouille, m'écriai-je, et l'on verra si l'on me trouve une bourse rouge contenant cent pistoles.

L'huissier procède à cette opération en présence de plus de deux cents curieux, et il tire tout d'abord de ma poche ma bourse bleue. Cette preuve de mon innocence me rendit plus calme.

— Eh bien! dis-je en riant à mon gentilhomme, est-ce là votre bourse?

— Non, répondit-il; mais que l'on continue de fouiller, et l'on trouvera celle que je réclame, car je suis sûr de ce que j'avance.

— Corbleu ! c'est trop fort !

— Nous allons voir.

L'huissier met de nouveau la main dans ma poche, et....... En vérité, j'en suis tout honteux ; mais bien certainement vous ne me croirez pas coupable.

Blinval rassura le beaunois, qui reprit :

— L'huissier amène d'abord une paire de ciseaux. Je veux bien que le diable m'emporte si j'en avais jamais porté sur moi ; mais enfin l'huissier tire ces ciseaux de ma poche et les montre aux spectateurs.

— Vous voyez, dit le gentilhomme ! fouillez, fouillez.

L'huissier obéit, et cette fois, il amène, quoi ?... la bourse rouge contenant les cent pistoles...... A cette vue, je faillis m'évanouir, je voulus parler ; mais tout le monde tomba sur moi, et me roua de coups. Je m'arrache enfin de la foule ; mais tout-à-coup un autre gentilhomme s'écrie :

— On m'a volé ma bourse ! on m'a volé ma bourse !

Cet homme était encore plus richement vêtu que le premier ; il déclare que sa bourse est bleue. Plus effrayé que jamais, je me cache derrière un pilier et je glisse dans mes chausses ma bourse qui a le malheur d'être de la même couleur que celle de ce gentilhomme. Quelques témoins de mon aventure m'aperçoivent ; tous les yeux se portent sur moi ; le nouveau gentilhomme volé m'apostrophe, le même huissier vient encore à passer, et une seconde fois il est question de me fouiller. Je n'osais ni avouer ni nier que j'eusse ma bourse bleue. Quelle perplexité? on amène encore les ciseaux, ce fut tout ce que l'on trouva dans mes poches. Mon accusateur veut alors que l'on cherche dans mes chausses. Il n'y avait plus à délibérer. Je confesse que j'ai ma bourse bleue; mais je proteste qu'elle m'appartient bien. Je prends l'huissier lui-même à témoin qu'il l'a déjà trouvée sur moi.

— Ce n'est pas une raison, me répondit-il, pour dire qu'elle n'a pas été volée.

Je suis sommé de la montrer. Le gentilhomme me l'arrache des mains, se hâte de la dénouer, vérifie s'il y a bien trente pistoles.

— Dieu soit loué! s'écrie-t-il après avoir compté, je retrouve tout mon argent!

Je criai comme un forcené, je m'arrachai les cheveux. Les spectateurs, au lieu d'avoir pitié de moi, se mettent de nouveau à m'accabler de coups, et je ne sors de leurs mains que pour me voir entre celle des archers qui allaient me conduire en prison, si je ne me fusse réclamé de tous mes amis, aux témoignages desquels ils voulurent bien me faire la grace de s'en rapporter. Mais que pensez-vous donc de tout cela, M. Blinval?

— Je pense qu'avec tous vos gentilhommes, vous avez eu affaire à Filemon et à sa troupe.

— Et qu'est-ce que Filemon, je vous prie?

— Le voleur le plus rusé qu'on ait jamais vu.

— En effet, ils m'ont joué là des tours fort subtiles. Ce sont d'adroits escamoteurs; je ne retourne pas à Beaune que je ne les aie vu pendre.

Les vœux du beaunois furent comblés ; mais il eut encore quelque temps à attendre.

Un conseiller de la cour des aides était rapporteur d'une affaire très-importante, et sa partie crut exciter son zèle en lui offrant un très-beau vase de vermeil. Ce magistrat, homme intègre, refusa le présent. Un associé de Filemon, qui s'était glissé dans l'appartement, vit le vase, et se défiant de ses propres forces, courut avertir son chef, qui arriva au moment où les plaideurs ayant fini par laisser le vase sur la table, traversaient la cour pour s'en aller. Il les accoste, s'informe de la nature de leur procès, se dit parent du conseiller, et, après les avoir entendus, leur promet de solliciter pour eux.

Il monte aussitôt à l'appartement du magistrat, se présente de la part de monsieur de Nemours, et recommande en effet nos plaideurs, se disant envoyé exprès par monsieur le duc. Le conseiller répondit que tout son désir de se rendre agréable à monsieur le duc de Nemours ne pouvait ajouter à son zèle; que sa conscience serait toujours son guide.

— C'est ce que je viens de dire aux parties mêmes, ajouta-t-il, qui m'ont ici importuné et contraint de prendre ce vase que je n'accepterai pourtant pas sans le leur payer.

Filemon regardant le vase, se mit à en admirer la beauté.

— Permettez-moi donc de l'examiner, dit-il;

on m'en a dernièrement dérobé un, qui, à la vérité, n'était pas de moitié si grand que celui-ci, mais qni était fait absolument de même, et qui sans doute était du même ouvrier. Toutes les fois que je songe à ce tour que l'on m'a joué, je ne puis m'empêcher de rire tant il est plaisamment imaginé. Il faut que je vous le raconte. Figurez-vous qu'un homme, assez bien couvert, m'apporte une lettre de la part de monsieur le duc de Nevers. Il voit le vase sur ma table.

— Oh! oh! dit-il, voici un superbe morceau!...

Permettez-moi, monsieur le conseiller, de vous donner une idée de la pantomime de cet adroit coquin. Il s'approche du vase, comme je le fais en ce moment, le regarde ainsi, le prend comme cela, le tourne et le retourne comme vous voyez que je fais, et me dit :

— Je suis sûr que cela vous coûte au moins cent pistoles?

— Moins que cela, lui répondis-je.

Cependant il tenait toujours mon vase comme je tiens le vôtre, et, comme en ce moment je tournai les yeux d'un autre côté, mon coquin ouvre la porte... comme cela... et il se sauve.

Le conseiller, à chaque mouvement imité, riait de tout son cœur d'une si plaisante comédie, et il redoubla en voyant avec quelle adresse Filemon ouvrait la porte. Lorsqù'il eut bien ri, en attendant que son acteur reparût, comme enfin il n'entendait plus personne, il lui vint tout-à-coup un soupçon et qu'il trouva bientôt justifié. Filemon avait non-seulement ouvert et refermé la porte, mais il l'avait encore barricadée en dehors, de sorte qu'il était déjà loin, avant qu'il fût possible de le poursuivre. Le magistrat n'eut d'autre parti à prendre que de payer le vase qu'il avait à peine eu le temps de voir.

Ce personnage fit encore une foule d'autres tours remarquables; par exemple, ce fut lui et ses compagnons qui, voyant un paysan occupé, sur la place de Grève, à regarder une exécution, lui dérobèrent son âne entre ses jambes, et finirent par le laisser tomber au milieu de la foule.

Ainsi que nous l'avons dit, Filemon finit par être pendu; c'était là une récompense qu'il n'avait pas volée.

CLÉOMAS, VOLEUR FRANÇAIS.

Ce voleur joignait à un grand courage une force physique prodigieuse; sa bande était formidable et désolait Paris et ses environs, vers le commencement du dix-septième siècle. Les biographes ne nous donnent pas de détails sur ses exploits; mais ils s'étendent assez longuement sur la manière dont on s'empara de ce brigand, et cet épisode nous semble digne d'être rapporté.

Un homme qui avait eu occasion de le voir plusieurs fois, l'ayant reconnu à Charenton, courut avertir les archers, et leur indiqua la maison dans laquelle le voleur était entré seul; car, bien qu'étant le chef d'une bande nombreuse, il logeait toujours seul. Mais le lieu où il jugeait convenable de se retirer était toujours environné par quelques-uns de ses hommes : l'un de ces derniers s'étant aperçu de la manœuvre du paysan qui avait suivi Cléomas, se hâta d'en donner avis à ce dernier, qui, se mettant aussitôt à la tête de toute sa troupe, commence par aller mettre le feu à la maison de celui qui l'a dénoncé. L'alarme se répand aussitôt dans tout le village; les habitants courent aux armes; mais à leur approche la bande de brigands se disperse.

Cléomas se retire dans un village voisin, entre dans une auberge, et se met tranquillement à table. Sa nouvelle retraite ne tarde pas être découverte et cernée. Alors Cléomas court à l'écurie, saute sur son cheval, et, la bride aux dents, un pistolet dans chaque main, il s'élance au milieu de plus de trois cents paysans armés de fusils, de faulx et de fourches.

Il faisait face à tous; mais son cheval ne voulait plus avancer : il le quitte, s'enfuit aussitôt dans les vignes, et avec une vitesse si inconcevable, qu'en moins d'un quart-d'heure il eut dévancé tout son monde de près d'une demi-lieue. Il s'arrêta alors pour reprendre haleine. Ce répit fut de courte durée; on avait sonné le tocsin : les habitants des villages voisins courent de toutes parts pour lui couper la retraite, et il se voit bientôt cerné par une espèce d'armée. Il ne se décourage pourtant pas, et voici comment l'auteur de *l'his-*

toire des larrons rend compte de cet événement ; nous conservons son vieux et naïf langage.

« Etant en ces extrémitez, dit-il, il perce de la seconde fois au milieu d'eux, et vint abattre dans les valées de Sainct-Maur, où étant arrivé, il vit qu'il n'y avait qu'un seul moyen de se sauver, qui était de se jeter dans l'eau. Il prit le loisir, bien qu'on le poursuivît en dos, de se déshabiller, et laisse ses vêtements sur le bord ; puis, prenant son épée toute nue dans ses dents, il se mit à la nage dans la rivière de Marne. Le rivage fut incontinent bordé de peuple : on prépare des bateaux pour le prendre, et, ce qui est admirable en son courage, c'est qu'il ne quitta jamais l'espée des dents : quand il trouvait une petite îsle, il s'y reposoit et reprenoit haleine. Plusieurs se mirent dans les bateaux pour le prendre ; mais il y en eut cinq ou six de blessés pour approcher trop près de luy. Enfin, il vint à la nage depuis Sainct-Maur jusques à Charenton, où le peuple, voyant qu'on ne le pouvait prendre sans coup férir, on lui donna trois ou quatre coups d'aviron sur la tête ; cela abattit toutes ses forces, et fut pris. On le mena chez un chirugien pour le panser, car il estoit grandement blessé ; et après avoir bandé ses plaies, il fut condamné, et par appel renvoyé à Paris, où il mourut à l'âge de vingt-cinq ans, après avoir fait des actes estranges et inouys. »

L'ÉCLAIR ET FINE-OREILLE,

VOLEURS FRANÇAIS.

L'ÉCLAIR et Fine-Oreille étaient deux des plus hardis et des plus adroits voleurs du dix-septième siècle. Voici ce qu'en rapporte un ouvrage déjà ancien, ayant pour titre *Les Ruses Dévoilées.*

« En traversant l'église Saint-Paul, à Paris, L'éclair aperçut une bonne dévote qui semblait fort riche, et dont le visage portait le cachet de la crédulité ; il résolut aussitôt de tirer parti de cette rencontre, et il revint le lendemain à la même heure dans l'église où il aperçut de nouveau la dévote ; il se plaça derrière un pilier tout près de la dame et se mit à l'observer attentivement. Après le dernier évangile, la sainte dame quitte son prie-Dieu pour s'approcher de la Sainte-Table. De retour, quellle fut sa surprise, lorsqu'en ouvrant ses heures pour faire son action de graces, elle vint à jeter les yeux sur un billet bordé d'un cordon de fleurs en miniature, et qui contenait en caractères dorés ce qui suit :

« La bonne odeur de vos prières est montée jusqu'à Dieu ; et le saint Patron de cette église a été pour vous un si puissant intercesseur dans le Ciel, qu'il vient d'obtenir, comme une grace inouie, de pouvoir encore descendre sur la terre, et venir demain souper avec vous ; mais, afin de jouir d'une prérogative si distinguée, il est nécessaire que vous éloigniez les profanes, et qu'il soit seul avec vous. C'est alors que vous entendrez des choses qui n'ont pas été dites encore à aucun mortel, et dont il a plu au Tout - Puissant de rendre dépositaire une ame aussi pure et aussi exaltée que la vôtre.

PAUL, Apôtre. »

» Jugez de l'impression que devait faire sur un cerveau renversé par trop de bigoterie, cette étrange nouveauté. Notre vénérable sortit aussitôt de l'église, regagna sa maison, appela sa domestique, aussi propre à être dupe que la dame. Les voilà à lire et relire dix fois la sainte missive, et à répandre l'une après l'autre des larmes de joie. Mais comment recevoir un saint ? Quels mets assez succulents seront de son goût ? Quel traiteur assez habile pourra se flatter de préparer un souper digne de l'Apôtre des nations ? Elles eussent bien voulu mettre dans leur confidence quelques voisines du quartier ; mais il fallait éloigner les profanes, cela était bien exprès. On devait être seul à seul, et S. Paul eût trouvé mauvais que tout autre que la servante, très-dévotieuse, eût été admise dans une assemblée où devait se faire la manifestation de si grandes choses. Cependant il fallait prendre un parti, et celui de la servante fut d'aller commander un repas de deux couverts chez un traiteur qui était au bout de la même rue. Pour qui ? demanda cet homme. Autre embarras. Celle-ci fit confidence au traiteur de la mystique entrevue de sa dame avec un Apôtre, et le supplia, sur toute chose, de bien garder le secret. Il ne coûte rien de promettre : le traiteur jura que personne n'apprendrait ce mystère ; mais à peine cette fille l'eut quitté, que, réfléchissant sur ce qu'il venait d'apprendre, il crut deviner qu'on en voulait plus à la bourse de cette illuminée qu'à la sublimation de son ame, et que c'était un stratagème de fripon. Frappé de cette idée, il court chez un célèbre orfèvre de Paris, qu'il savait être le beau-frère de la dévote, et cela dans le dessein de l'engager à parer aux conséquences de cette affaire. Cet homme était sorti depuis neuf heures ; et, en son absence, un ouvrier n'avait pas fait difficulté de prêter à la dévote un assortiment de vaisselle plate, qu'elle venait tout fraîchement d'enlever. Surcroît de soupçon pour le traiteur, qui ne voulut point se retirer avant le retour du maître. Il arriva sur les trois heures, et apprit toute l'histoire. Comme il connaissait l'extrême simplicité de sa belle-sœur, il n'en devint que plus ardent à la tirer d'un danger qui lui paraissait très-pressant. Il commença par prévenir une brigade du Guet, et imagina de se déguiser lui-même en S. Pierre ; et, précédé d'une si bonne escorte, il se rendit aux environs de la maison de la dame, vers l'heure où il prévoyait que S. Paul devait y entrer.

» Tout réussit selon ses désirs, et, après une demi-heure d'attente, il aperçut le patron s'avancer vers le logis de la dévote. Il était habillé à l'Israélite, le menton garni d'une barbe postiche, un livre sous le bras, et bâton à la main. Il frappe, la dame et la servante viennent lui ouvrir, et se prosternent à ses pieds ; elles l'introduisent dans une chambre proprement meublée, et s'enferment avec lui. Un quart-d'heure après paraît le traiteur, chargé d'un garde-manger portatif, dans lequel tous les mets sont rangés par ordre. Il frappe à son tour, et aussitôt la servante, venant ouvrir, s'empare de la corbeille, lui dit deux mots et le renvoie. Comme on n'attendait plus personne, les verroux sont mis. Cependant, à peine eût-on porté la main au premier plat, que s. Pierre, placé devant la maison de sa sœur, d'où il avait observé toute cette affaire, s'avance et frappe avec violence. La domestique veut ouvrir : S. Paul s'y oppose. On redouble, on menace d'enfoncer. Il faut bien, quoi qu'en dise l'Apôtre, apprendre la cause d'un pareil vacarme, et y apporter remède. Qui frappe ? dit la servante. On répond : c'est s. Pierre. Surprise agréable pour la dame, qui compte avoir cette nuit tout le collége apostolique, et sur-le-champ elle ordonne d'ouvrir ; mais s. Paul n'en paraît que plus obstiné à rester seul. Enfin les coups deviennent si furieux et si multipliés, que les ferrements de la porte sont sur le point de céder à l'effort.

» Dans ce moment, la fille n'écoute aucun ordre : la maison est ouverte, et s. Pierre, sous un habillement judaïque, la tête chauve, des sandales aux pieds, et aux mains une paire de clefs ; aborde s. Paul, et lui adresse ces paroles avec emphase :

» Apôtre des nations, que le Seigneur suscita pour ramener les brebis perdues de la maison

d'Israël, qui vous engage aujourd'hui à passer les
bornes de votre ministère, et à diriger les ouailles
prédestinées du troupeau, sans une mission ex-
presse? Envoyé moi-même pour vous en faire des
reproches, j'ose vous signifier le décret d'en haut,
qui vous ordonne de suspendre vos travaux; et de
me suivre dans ces demeures paisibles, dont vous
vous êtes échappé, au grand étonnement de toute
la cour céleste : et en cas qu'il vous arrive de ne
point obéir, voici, poursuivit-il en faisant entrer la
brigade, quelque chose de plus qu'une grace victo-
rieuse pour vous y contraindre. » En proférant ces
mots, s. Pierre enjoint aux cavaliers de faire leur
devoir. S. Paul est donc débarbé, dépouillé ; et,
sous le déguisement d'un apôtre, on trouva les
instruments propres à un scélérat : des pistolets,
des rossignols, des limes, des poignards. Quel fut
l'étonnement des dévotes!.... »

Cependant Fine-Oreille faisait le guet aux environs. Au costume de l'orfèvre, et à la troupe qui
l'accompagnait, il se fut bientôt douté de la ruse.
Forcé de les laisser entrer, il court faire ses préparatifs; en un instant, il rassemble quelques amis,
se procure le costume convenable au rôle qu'il
veut jouer, et revient, suivi des siens déguisés en
archers, à la porte de la dévote. Il était temps : au
moment où il y arrivait, l'apôtre débarbé marchait
tristement au milieu de la brigade, précédé par
son antagoniste en costume et les clefs en main.
Tout-à-coup le second s. Pierre se présente à la
rencontre du détachement, et il s'écrie qu'il arrive à la tête des Corinthiens pour délivrer leur

apôtre, et couper l'oreille à Malchus. L'orfèvre, à ce nom, qui précisément était le sien, prit la fuite à toutes jambes, et fut suivi de son escouade, qui avait bien promis de ne le pas quitter. S. Paul et le nouveau s. Pierre s'en furent alors faire part aux dévotes du miracle qui venait de s'opérer pour confondre des impies, et le tout finit par la disparition d'un sac d'écus et de toute l'argenterie, dont ils avaient besoin pour un grand repas qu'ils devaient donner en paradis.

L'Eclair et Fine-Oreille ne s'amusaient pas à filouter sur le Pont-Neuf : un autre tour de ces deux illustres associés montrera que, sous tous les costumes, ils ne savaient pas moins bien jouer leur rôle. L'Eclair s'était présenté vêtu en seigneur, et suivi de deux laquais, chez un marchand de draps de la rue Saint-Denis, et avait enfin choisi plusieurs pièces de drap d'Espagne, sur lesquelles il avait donné six pistoles d'arrhes, en priant le marchand de les lui faire porter par son garçon de boutique, en son hôtel, rue Saint-Antoine, où il complèterait le paiement qui se montait à une somme considérable. Il était bien certain que le reste du paiement était autant d'expédié; mais il s'agissait en outre de rattraper ses arrhes. Voici de quelle manière on y parvint. Le commis étant arrivé avec son drap à l'hôtel, l'Eclair lui compla aussitôt la somme convenue, mais eut soin de mêler parmi les écus six pistoles fausses. Le commis, qui examinait son or pièce à pièce, refusa celles qui lui parurent suspectes. L'Eclair, après avoir un peu tempêté, lui dit qu'il

les avait reçues d'un de ses cousins demeurant rue
Saint-Martin, et ajouta qu'il lui rendrait service
de passer chez son parent, pour lui rendre ces six
pièces fausses, et que, sans aucun doute, il lui en
remettrait d'autres. Le commis, qui se voyait payé
en grande partie, consentit à ce qu'il désirait, laissa
le drap, et partit avec un laquais que l'Eclair lui
donnait pour le conduire.

Ce cousin, c'était Fine-Oreille. Le nouveau
gentilhomme, aussitôt qu'il vit le laquais, le com-
bla de caresses, lui demanda beaucoup comment
se portait son maître, pourquoi on ne le voyait pas.
Il ne tarissait point en démonstrations d'amitié;
mais lorsqu'il fut question des pièces fausses, il
changea de ton, parut très-choqué qu'on le crût
capable de recevoir de mauvais or, et entra enfin
dans une telle colère, que le commis lui-même invita le laquais à revenir avec lui rue Saint-Antoine.
De retour à l'hôtel, ce fut une autre scène. L'E-
clair prit un bâton, et voulait tuer son valet pour
sa maladresse, et toute la peine qu'il donnait à cet
honnête jeune homme auquel il causait tant de pas
et de démarches. Le laquais intimidé dit au commis qu'il était décidé à retourner chez le cousin;
que, s'il ne voulait pas changer les pistoles, il lui
en emprunterait au moins d'autres au nom de son
maître. Le jeune homme prit le parti d'aller encore avec lui. Cette fois, le cousin plus traitable
et paraissant céder enfin aux circonstances, dit au
commis de mettre tout son argent sur la table, afin
qu'il examinât lui-même les écus qui ne vaudraient
rien, et qu'il les remplaçât. C'était ici le grand ef-

fort d'imagination. Lorsque tout l'or fut déposé, Fine-Oreille, occupé tout-à-coup d'un souvenir venu fort à propos, mit la main sur les espèces, et dit au laquais qu'il était bien étonnant que son maître osât lui faire demander de l'argent à emprunter, lorsqu'il lui devait déjà plus qu'il ne possédait. Il ajouta qu'il se nantissait toujours de cette somme, et que, soupçonnant que le commis et lui n'étaient autre chose que des voleurs, il allait les faire fouiller par ses gens et les faire rouer de coups, à moins qu'ils ne lui remissent tout l'argent qu'ils pouvaient encore avoir, et qu'ils avaient certainement au seigneur de la rue Saint-Antoine. Ils obéirent, et, comme le commis, outre l'argent qui se trouvait dans sa bourse, avait encore une forte belle montre, Fine-Oreille la lui prit avec le reste. Le laquais resta ébahi; mais le commis, frappé de terreur, crut ne pouvoir trop tôt regagner la rue Saint-Antoine. Ils y arrivèrent toujours courant, et avec une précipitation bien inutile, car l'Eclair avait disparu. Le seigneur, qui avait habité l'hôtel, n'y était nullement connu; et le laquais eut tellement à cœur de retrouver son maître, qu'il disparut aussi au milieu de ses recherches.

C'est en jouant le tour suivant que ces deux maîtres larrons furent enfin pris, et cette fois, sans que les Corinthiens s'avisassent de les venir délivrer. L'Eclair, se promenant à la Foire Saint-Germain, entra dans la boutique d'un peintre d'Anvers, homme à rouge trogne et d'un extrême embonpoint. Il se donnait pour un peintre de Toulouse, et disant qu'il serait bien aise d'empor-

ter en son pays quelques-uns des tableaux du peintre d'Anvers, il en choisit une douzaine des meilleurs qu'il réunit dans un coin. Pendant qu'ils en
discutaient le prix, Fine-Oreille arrive, et demande également à faire quelque emplette. Il s'arrête au tableau d'une Cléopâtre dont son camarade avait fait choix, et veut absolument avoir la
préférence. Une querelle s'engage entre les deux
acheteurs: le marchand ne savait auquel entendre. Fine-Oreille prend celui-ci par la main, et
le retient à quelque distance pour lui faire des représentations : l'Eclair profite du moment où il le
voit occupé, et, glissant la main dans sa poche,
lui enlève son mouchoir, dans lequel il savait qu'é-
taient enveloppées vingt pistoles qu'il venait de
recevoir. Enhardi par ce succès, il veut prendre
la bourse : malheureusement le peintre ayant eu
en ce moment besoin de se moucher, et surprenant la main de l'Eclair dans sa poche, se mit à crier
au voleur; mais notre héros fut loin de se décon-
certer. Comme on ne pouvait le convaincre que si
on lui trouvait le mouchoir, il le passa adroitement à son compagnon, qui, renonçant aussitôt à ses emplettes, sortit, et se perdit dans la
foule.

Le marchand avait saisi l'Eclair au collet, et
celui-ci, homme de bonne mine et n'ayant plus
sujet de trembler, protestait si paisiblement de
son innocence, que tous les témoins de cette scène
prenaient part à l'affront qu'il éprouvait. Pendant qu'il consent à se laisser fouiller, mais à condition que s'il n'est point reconnu coupable, le

peintre lui fera réparation d'honneur, Fine-Oreille public à tous les coins de la Foire que l'on a trouvé un mouchoir dans lequel de l'argent est enveloppé, et il indique le nom et l'adresse de celui qui le remettra à quiconque prouvera qu'il lui appartient. Cette nouvelle arrive aux oreilles du marchand, qui se morfond en excuses et en civilités envers l'Eclair, et le supplie de lui pardonner un soupçon si injurieux. Il se rend promptement au lieu indiqué; mais personne ne sait ce qu'il veut dire.

Les adroits voleurs se félicitaient du nouveau succès qu'ils venaient d'obtenir; mais, ce jour-là même, des archers déguisés, qui étaient depuis long-temps sur leurs traces, prirent si bien leurs mesures que l'Eclair et Fine-Oreille furent arrêtés en même temps.

Leur procès ne fut pas long, et eut pour issue leur condamnation au fouet et au bannissement, sentence qui fut rigoureusement exécutée.

TIBERIO FIORELLI,

VOLEUR NAPOLITAIN.

Cet adroit et spirituel coquin, qui se faisait appeler Scaramouche, naquit à Naples en 1608. Nous empruntons son histoire à Mezetin, écrivain du temps.

Le père de Tiberio Fiorelli, dit Mezetin, était gentilhomme et capitaine de chevaux ; s'étant avisé dans une querelle, de tuer le frère d'un évêque, il n'eut que le temps de fuir en pays étranger, et, comme il était sans fortune, il finit, après avoir essayé de plusieurs métiers, par se faire marchand d'orviétan.

Il avait deux fils qu'il avait emmenés ; Scaramouche, le plus jeune, et qui était même encore à la mamelle, annonçait qu'il serait un mangeur insatiable, car il épuisait chaque jour le sein de deux nourrices, et en effet on le verra toute sa vie un terrible gastronome. Il ne grandit pas sans que cette disposition se manifestât de plus en plus ; la chose en vint au point, qu'il volait son père et employait en achat de comestibles tout l'argent qu'il pouvait se procurer. Son père le corrigea souvent, et lui fit cent fois des représentations très-sages ; mais ventre affamé n'a pas d'oreilles, et Scaramouche continuant à voler, son père prit le parti de le chasser. Ce jeune glouton avait alors dix-huit ans.

C'est ici que notre personnage va commencer à donner carrière à son génie inventif. Parcourant tour-à-tour les diverses villes d'Italie, partout il se signalera par de nouveaux exploits. C'est à Rome qu'il débuta. Son premier expédient pour se procurer des moyens d'existence, n'est qu'une ruse assez innocente. Il s'établit à la porte d'un marchand de tabac ; là, demandant une prise à tous ceux qui sortaient, il enfonçait les quatre doigts et le pouce dans la tabatière, et déposait aussitôt son butin dans une boîte cachée sous son manteau. Quand il s'était procuré ainsi une petite provision, il la mélangeait amplement de divers ingrédients, et revenait vendre le tout au même marchand, qui admirant cette excellente composition la nommait, dit le très-véridique historien, du *tabac de mille fleurs*. Ce petit trafic pouvait durer long-temps, sans la brutalité d'un Suisse du pape, qui se tint pour offensé que Scaramouche osât demander à prendre une prise dans sa tabatière, et le fit éloigner à grands coups de hallebarde.

Scaramouche dévora cet affront, et passa à Civita-Vecchia, où il se vengea aussitôt sur deux esclaves turcs des galères du pape, en leur dérobant une somme d'argent qu'ils s'amusaient à compter sur le port. Déchirant un pan de sa chemise, il eut l'adresse de le substituer au linge dans lequel ils déposaient leurs espèces; il les fit ensuite arrêter comme voleurs, et la pièce de conviction parut si frappante, qu'ils furent encore sévèrement châtiés. Ceci était un véritable trait de génie. Malheureusement, il fut peu profitable à notre voyageur : Scaramouche s'habilla magnifiquement, prit un valet, fit bombance; mais, après la bombance, il s'endormit; pendant le sommeil, le valet prit les écus, le dépouilla même de ses riches habits, et le laissa presque nu.

Scaramouche se fit alors mendiant, se donnant pour un pauvre esclave racheté des mains des Turcs; stratagème qui pensa lui être funeste à Ancône, où un capitaine de galères prétendit le reconnaître pour un forçat échappé, et lui fit provisoirement donner la bastonnade. Cette erreur provenait du nouveau costume de notre voyageur. Son hôte, ayant eu pitié de lui à son réveil, l'avait revêtu d'une souquenille d'esclave, et, par reconnaissance, le pélerin avait emporté la crémaillère, qui, ressemblant un peu à une chaîne de galérien, servait d'attestation à tout ce qu'il débitait aux passants. Le capitaine reconnut son tort en retrouvant son forçat.

C'est en sortant de cet extrême danger, que Scaramouche imagina de se faire comédien. Il ne pouvait prendre un meilleur parti; il était fort bel homme, doué d'une imagination vive, et excellent grimacier. Il alla donc trouver une troupe, à laquelle il se présenta pour un acteur consommé, et demanda à débuter dans le *Festin de Pierre* qu'il estimait sur toutes les autres comédies, à cause du repas qu'on y fait. Il obtint un succès extraordinaire, et, ayant parfaitement réussi dans le cours de la pièce, il fit encore si bien son devoir au repas, qu'il pensa *crever* au milieu des applaudissements. Le public fut si charmé de cette première représentation, qu'il en demanda une seconde avec empressement. Scaramouche y consentit volontiers; et, au lieu des œufs durs dont il se remplit la première fois, il mangea un gros poulet d'Inde, deux perdreaux et une tourte de pigeonneaux.

La célébrité de Scaramouche lui attira les bonnes graces du jeune duc de Mantoue, dont, par divers stratagèmes assez plaisants, il mit la libéralité à contribution. Il était en bonne fortune, il ne put s'y tenir encore. Il s'en fut à Bologne, où le grand-prévôt l'ayant surpris avec une de ses maîtresses, le fit jeter en prison. Parvenu bientôt à s'évader, Scaramouche, au sortir d'une église, se vengea de ce magistrat, en coupant les boutons d'or qu'il avait à son manteau d'écarlate. Le grand-prévôt, lorsqu'il s'aperçut d'un tour aussi hardi, fit dans sa colère arrêter un grand nombre de coupeurs de bourses, et cependant il ne put découvrir le coupable. Peu satisfait encore, Scaramouche, un jour qu'il savait son ennemi absent, se présente chez lui en garçon tailleur, dit que M. le prévôt a retrouvé ses boutons, qu'il vient de sa part les recoudre, et réussit à emporter le manteau.

De là, il s'enfuit à Florence, où il est présenté au grand-duc et se donne pour un musicien du vice-roi de Naples. Invité à se faire entendre, il prélude agréablement sur sa guitare, fait plusieurs grimaces et chante, après avoir imité légèrement le cri de l'animal à longues oreilles :

> L'âne que tourmente l'amour,
> Brait et fait rage tout le jour.
> Tel un virtuose qu'inspire
> Un ventre qui long-temps jeûna,
> Contant son douloureux martyre...
> Pour refrain d'amour il s'en va :
>   Ut re mi fa sol la. (*Il brait.*)

Qu'Aliboron paisse en nos champs;

Entendez-vous ses cris perçants
Au seul aspect de sa femelle ?
Dans le chant aigu qu'il fait là,
Il semble un maître de chapelle
Qui bat la mesure et s'en va :
Ut re mi fa sol la. (*Il brait.*)

Sans doute la manière de chanter ces paroles
italiennes ajoute encore à leur vrai mérite ; car le
grand-duc ne put les entendre sans rire à s'en
tenir les côtés, et voulut que Scaramouche lui
donnât encore quelque chose d'aussi réjouissant.
Le musicien du vice-roi de Naples ne se fit pas
prier, et chanta aussitôt la chanson suivante :

Amour, Dieu d'amour, qu'as-tu fait,
De rendre amoureux mon Minet !
Non, je ne veux plus qu'il soupire,
Je le soustrais à ton empire,
Et Minet que tu rendais fou,
Pour Minette ne va plus dire
Miaou. (*Il miaule.*)

Dans la gouttière confiné,
Comme il gémit, l'infortuné !
Tout redit son cri lamentable.....
Vers la lucarne, inconsolable,
C'est pour son bien que le grigou
Répète d'un ton misérable :
Miaou. (*Il miaule.*)

Cette fois le duc fut si enthousiasmé, qu'il

accourut embrasser Scaramouche, lui fit compter cent pistoles, et l'assura de sa protection. Celui-ci passa ensuite à Livourne, faisant la route aux dépens de deux juifs auxquels il persuada que ses parents l'avaient forcé de se dire chrétien, mais qu'il était au fond un des plus fidèles sectateurs de la loi d'Israël, et qu'à la prochaine synagogue il professerait hautement sa croyance. Ces bons Hébreux, à leur arrivée, l'hébergèrent, à condition pourtant qu'il leur paierait tant par jour. Notre néophyte accepta encore, et finit par aller trouver l'inquisiteur, qui, sur sa déposition que ces hommes maudits de Dieu voulaient le forcer à changer de religion, les fit venir aussitôt et leur ordonna, sans même les entendre, de laisser partir Scaramouche, de lui rendre tous ses effets et de lui payer en outre dix pistoles d'Espagne.

Scaramouche alors s'embarqua dans une tartane qui faisait voile pour Naples, et trouva encore aux dépens de qui faire le traversée. Ce fut cette fois aux frais de deux bons religieux; mais il eut d'abord assez de peine à les émouvoir : aussi employa-t-il les plus grandes démonstrations. Il commença par entonner les *Litanies des Saints*, et continua d'une voix extrêmement dévote; il chanta ensuite le *Credo*, le *Salve* et le *De profundis*. Après ces prières, il demeura plus d'une heure à genoux, feignant d'être plongé dans une méditation très-profonde, et au fond très-intrigué, parce que l'heure du dîner approchait sans amener aucun dénouement.

Enfin, un des bons pères vint le faire sortir de

ses longues extases, et le loua beaucoup de sa dévotion. Scaramouche respira : comme le religieux lui faisait des questions sur son nom et sur son pays, il en conta tant et tant, se dit si riche et pourtant si décidé à se faire religieux dès qu'il aurait terminé son humble pélerinage à Saint-Antoine de Padoue, que, parmi les passagers, ce fut à qui offrirait sa table à ce pieux voyageur; mais il n'accepta que celle des bons pères, voulant, disait-il, prendre un avant-goût de la pénitence monastique. Il s'assit donc à cette table qui méritait bien effet la préférence, et attaqua aussitôt tous les mêts avec une telle rapidité, qu'en moins de quelques minutes les bons religieux se virent desservis. Un d'eux ayant voulu prendre la parole, il l'interrompit sur-le-champ, pour lui rappeler combien il est sage d'observer le silence. Scaramouche, ajoute l'historien, voyant que les pères ne mangeaient plus, se leva de table ayant la larme à l'œil, et levant les mains au ciel. Les pères, voulant savoir pourquoi il pleurait, il leur dit que c'était de la joie qu'il avait d'être tombé en de si bonnes mains; mais le vrai motif de ses pleurs était d'avoir vu desservir un chapon gras sur lequel il n'avait osé toucher.

Satisfait de ses hôtes, Scaramouche ne pensait pas en pouvoir rien désirer de plus, lorsqu'un des pères s'avisa de conter que le pape lui avait fait présent d'un crucifix d'or, qu'il n'estimait pas tant pour sa valeur (quoiqu'il pesât cinquante pistoles), que parce qu'il avait la vertu de chasser les démons. Aussitôt notre larron de faire des grimaces doubles, simples et compliquées, de rouler les yeux, d'écumer de la bouche, et de jouer enfin avec tant de succès et à tant de reprises le rôle de possédé, qu'étant parvenu à obtenir que la croix d'or restât quelque temps en ses mains pour le préserver d'une rechute; il s'élança tout-à-coup dans une chaloupe qui était venue au-devant de la tartane, et disparut avec le bijou de cinquante pistoles.

Scaramouche eut bientôt mangé à Naples tout ce qu'il avait amassé, et prit encore le parti de se faire comédien. Son beau physique et son jeu burlesque ravirent le duc de Satrian, qui fit venir la troupe dans son palais, et voulut que Scaramouche s'assît à sa table. Celui-ci répondit à tant d'honneur en escamotant deux flambeaux d'argent, et s'en accusa ensuite d'une manière si bouffonne, que le duc de Castre voulut à son tour accueillir chez lui un si grand personnage, et y fit élever un théâtre; mais ici une rencontre assez fâcheuse attendait le héros. Le religieux à la croix d'or se trouvait dans les jardins; il remarqua au travers d'une palissade un acteur occupé à répéter son rôle, et à ses horribles grimaces il jugea que c'était son homme possédé du démon. Il ne se trompait pas; il cria au voleur : ce contretemps mit fin au spectacle; car Scaramouche, se voyant saisi par son manteau, imita Joseph chez Putiphar, s'éloigna en toute hâte, rentra chez lui, rassembla ses effets, et, courant sur le port, s'embarqua aussitôt sur un vaisseau qui précisément allait mettre à la voile pour Malte.

Cette traversée devait aussi avoir ses peines, mais elle eut avant tout ses plaisirs. Une belle Espaguole, qui était la maitresse du capitaine, se prit de passion pour Scaramouche; et après lui avoir lancé tout le jour des œillades pleines de feu, lui fit dire pendant la nuit, par son esclave, que son amant était retenu sur le tillac. La cause de cette absence n'était pas très-favorable à l'amour, car on éprouvait alors une tempête affreuse, et Scaramouche était à moitié mort de peur. Il suivit pourtant l'esclave, et le courage lui revint bientôt à ces douces paroles de sa belle : *Mi coraçon, mis oios, mi alma, vengas, senor Tiberio, vengas.*

Pendant ce temps, l'orage augmentait toujours, et le capitaine, pour alléger son vaisseau, prit le parti de faire jeter beaucoup d'effets à la mer. Scaramouche, qui s'était vu obligé d'abandonner la partie, arriva sur le tillac, et ne trouvant plus sa valise, jura contre l'Espagnole, et avec tant d'indiscrétion, que le capitaine comprenant ce qui s'était passé, s'en prit à notre galant, le roua de coups, et le mit à terre sur une plage déserte où il finit par tomber entre les mains d'une troupe de brigands. Scaramouche était vraiment fait pour éprouver successivement toutes les aventures les plus romanesques. Le voilà maintenant courant les souterrains à lampes sépulcrales et les vieilles maisons. Souvent, pour attendrir ses nouveaux maitres, il essaie de quelques-unes de ses agréables grimaces : rien ne peut séduire ces farouches brigands ; il faut qu'il les suive, qu'il soit le temoin de leurs exploits. Un jour, cédant à sa destinée, il les aidait à détrousser quelques voyageurs : tout-à-coup des archers paraissent, l'affaire s'engage, un grand combat est livré, la plupart des bandits mordent la poussière, et Scaramouche conduit prisonnier à Palerme, se voit sur le point d'être pendu prévotalement.

Heureusement il fut reconnu à temps par des marchands qui s'étaient trouvés sur le vaisseau battu de la tempête, et qui attestèrent la cruauté du capitaine envers ce passager. Libre enfin, Scaramouche remonte sur le théâtre. Un jour qu'il était à une lieue ou environ de la ville, il aperçut une jeune fille qui essuyait ses cheveux qu'elle venait de laver sur le bord d'un ruisseau, et qui étaient d'une longueur si extraordinaire, que, quoiqu'elle fût montée sur une grosse pierre, ils ne laissaient pas de trainer à terre, outre qu'ils étaient de la plus belle couleur du monde. On se doute bien qu'une chevelure si séduisante accompagnait des traits enchanteurs, et que voilà Scaramouche amoureux. En effet, il s'arrêta saisi d'admiration, et la mère de la jeune personne le voyant si attentif, lui dit aussitôt que si il était à marier il ne pouvait trouver mieux. Scaramouche opposa bien quelques lazzis à cette brusque proposition ; mais les beaux cheveux étaient un lien dont il ne pouvait se dégager, et, en moins de quinze jours, l'affaire fut terminée, sans y avoir regardé de trop près.

Dès lors, Scaramouche devient un tout autre homme ; il ne rêve plus qu'épargnes, économie : ce n'est plus un jeune étourdi. On le verra aussi un peu moins fripon. Il ne put cependant quitter Palerme sans s'approprier une chaîne d'or de la valeur de cent louis, qu'il avait trouvée, et se faire donner en outre les vingt pistoles de récompense promises à qui la rapporterait ; ce qu'il exécuta fort habilement, en faisant faire une chaîne absolument semblable, de cuivre doré, qu'il présenta en place de celle que l'on réclamait, et qui fut reçue sans aucune méfiance.

Il fut excellent époux, et montra même une patience dont on l'aurait cru peu susceptible. Sa Marinette était minaudière et petite maîtresse : tout l'incommodait ou lui faisait envie. Comme ils allaient à Rome, où elle devait débuter dans les rôles de soubrette, il fallut à tout moment que la voiture s'arrêtât : ou madame se trouvait mal, ou elle voulait absolument cueillir une fleur qu'elle apercevait dans la campagne. Arrivée à l'hôtellerie, ce fut bien pis ; la fumée la suffoquait, aucun mêts n'était supportable, le pain même était toujours trop rassis ou trop tendre. Scaramouche ne savait plus où donner de la tête. Un soir, Marinette se mettant au lit, s'écria qu'un des plis du drap lui avait enfoncé une côte. Pendant la moitié de la nuit, elle se plaignit des puces, quoiqu'on ne fût pas alors dans la saison qui les produit ; elle jura qu'elle en sentait une qui lui faisait souffrir le martyre. Scaramouche ennuyé allume une chandelle, et, pour détruire ce terrible ennemi, s'avance très-sérieusement armé d'un mousqueton ; plaisanterie qui épouvanta Marinette et la fit enfin dormir. Une autre fois, elle s'était couchée avec ses gants, parce qu'elle voulait conserver à ses mains la doucéur de leur peau. Scaramouche se coucha avec ses bottes et ses éperons, ne répondant autre chose à tous les cris de sa femme, sinon qu'il voulait être tout prêt pour donner la chasse aux puces ; elle comprit enfin qu'il fallait ôter ses gants.

Scaramouche ne fut pas plutôt à Rome, que ses grimaces inimitables attirèrent la foule au théâtre, et mirent sa troupe en grande réputation. La beauté de Marinette, sa grace sur la scène et son excellent débit, contribuèrent aussi à tant de succès. Scaramouche eut beaucoup de compliments à recevoir le jour qu'elle débuta, mais il eut aussi bien des contrariétés à supporter. Sitôt qu'elle eut fini de jouer, plusieurs seigneurs s'empressèrent de venir la féliciter. Tout-à-coup elle se laissa tomber évanouie : revenue à elle, elle s'emporta contre son mari, et tout le monde crut qu'il l'avait maltraitée ; point du tout, c'est que prié par elle avant la pièce de lui placer son busque, il n'avait pas eu l'attention de le faire chauffer, et l'avait appliqué si froid qu'elle en avait eu une colique affreuse.

Au surplus, si Scaramouche eut quelques désagréments à essuyer, le mariage lui porta bonheur ; car dans ce seul hiver il amassa de quoi acheter une belle terre à Florence. Pour comble de prospérité, Marinette accoucha d'un fils qu'un cardinal daigna tenir sur les fonts de baptême. Le parrain avait oublié de faire un présent au nouveau-né. Scaramouche, jouant quelques jours après chez la reine de Suède, et voyant le cardinal, s'écria tout à coup : *Miracolo, miracolo, eminentissimo signore !* Ce miracle, que tout le monde voulut aussitôt connaître, c'était que le filleul avait parlé pour se plaindre de son parrain :

— Tiens, lui dit son Eminence en riant, et lui donnant un diamant qu'elle avait ôté de son doigt, voilà de quoi le faire taire.

Scaramouche, ne pouvant renoncer tout-à-fait à ses anciennes habitudes, continuait de s'attirer ainsi de temps en temps des présents par des lazzis, et parfois aussi d'en escamoter. Toujours extrêmement glouton, il se saisit un jour d'un vaste pâté qu'il emporta sur sa tête avec tant d'empressement, que le coffre s'ouvrit par le milieu et emboîta son homme jusqu'aux épaules.

Ce fut alors que le nom de Scaramouche s'étant répandu en France et en Allemagne, il se vit à la fois demandé par l'Empereur et par le cardinal Mazarin. Scaramouche se décida aussitôt en faveur de Louis XIV. Muni de l'agrément du prince de de Parme, il se met en route avec la belle Marinette. On pense bien qu'il ne fit pas un si long trajet avec elle, sans pester encore plus d'une fois, et il leur arriva aussi bien des aventures. Une fois, entre autres, notre voyageur étant arrivé assez tard dans une hôtellerie où il ne se trouvait plus de lit vacant, eut le secret de faire déguerpir deux marchands couchés dans une chambre où il se chauffait. Sa conversation avec sa femme leur fit croire que c'était l'exécuteur de la haute justice ;

ils se levèrent pour s'aller plaindre à l'hôte de leur avoir donné une pareille société, et le prétendu bourreau prit aussitôt leur place. Je passe sur toutes les plaisantes méprises de la belle voyageuse, quand elle fut arrivée dans pays où l'on ne parlait plus italien. Ils touchent au terme de leur voyage. Scaramouche se présente à la cour.

Il y alla en son costume de théâtre, mais il s'était recouvert d'un manteau : ce ne fut qu'en présence du roi qu'il se montra tout-à-coup en véritable Scaramouche, tenant en main sa guitare, et accompagné d'un chien et d'un perroquet, qui, dans un petit concert qu'il donna, firent chacun leur partie. Les deux virtuoses de nouvelle espèce étaient placés, l'un sur le manche de la guitare, l'autre sur un placet; et ils firent si bien leur devoir, que le roi prit en affection celui du milieu, qui était Scaramouche. Celui-ci eut peu de temps après le malheur de perdre ses deux compagnons; mais il ne regretta que son chien, parce que, dit-il, sa servante qui avait le caquet bien affilé, lui tiendrait lieu du perroquet. Scaramouche jouit, pendant plus de trente ans qu'il vécut encore, de l'honneur de divertir Louis XIV, qui daigna même un jour lui verser à boire, et lui demander, lorsqu'il eut vidé son verre, de quel pays il croyait ce vin-là.

— Sire, répondit Scaramouche, le plaisir que j'ai eu en le buvant, m'a empêché d'y réfléchir.

Sa Majesté lui versa donc un second verre de vin pour connaître son opinion. Scaramouche était dans un jour de bonheur : une réplique assez scabreuse, qu'il fit un instant après au cardinal Mazarin, lui valut un surcroît de traitement.

— Tu peux te vanter, lui avait dit le cardinal, que le plus grand monarque du monde t'a versé à boire.

Scaramouche répondit qu'il ne manquerait pas de le dire à son boulanger. Louis XIV, entendant cette répartie, ne voulut pas lui avoir fait un honneur sans profit, et eut la bonté de répondre :

— Tu lui diras aussi que j'augmente ta pension de cent pistoles.

Malgré tant de libéralités si facilement accordées, Scaramouche en extorqua beaucoup d'autres encore par des subtilités, et toujours sut se tirer d'affaire par quelques lazzis, souvent même par d'assez fines réparties. Par exemple, ayant osé s'approprier cinquante pistoles que sa Majesté lui avait fait remettre pour le service de la troupe, et se voyant forcé d'avouer le fait :

— Sire, dit-il, je supplie votre Majesté de n'en rien dire au roi !

Louis XIV rit, et fit donner cent pistoles à Scaramouche, moitié pour lui et les cinquante autres pour s'acquitter enfin de sa commission. La reine-mère et tous les seigneurs de la cour furent souvent pris aux mêmes filets, et jamais ne s'en fâchèrent. Il obtint un jour de la première soixante louis et la permission de lever un habit complet chez le marchand de la cour. Comment avait-il obtenu cette faveur ? En se présentant devant la reine qu'il savait extrêmement sensible aux peines des malheureux, vêtu si légèrement en plein hiver, que sa vue seule faisait frissonner de froid et que lui-même en avait les larmes aux yeux. Un autre jour, voulant faire en Italie un voyage qui ne lui coûtât rien, il pria chacun des seigneurs de la cour de lui faire cadeau d'une paire de bottes ; ce qui lui en procura, dit l'historien, une si grande quantité, qu'il en eut à revendre assez pour botter un régiment de cavalerie.

Scaramouche devint très-riche, et en même temps fort avare. Ce n'est plus dans sa vieillesse qu'un misérable Harpagon, espèce de Cassandre plein de ridicules, d'infirmités, souvent amoureux encore et toujours dupé. Marinette étant morte, il se fit baffouer par la fille d'un boulanger dont il voulait faire sa maîtresse, et il se trouva blotti et emporté dans un coffre enfariné, d'où il ne s'échappa au milieu de la rue, que pour être poursuivi par les petits enfants qui le prirent pour un personnage de carnaval. Il ne fut pas plus heureux en se remariant ; sa seconde femme le joua tant de fois, qu'il fut obligé de la faire renfermer, d'abord au Châtelet et ensuite dans un couvent où elle finit par mourir de dépit.

Un seul trait prouvera son avarice. Dans sa dernière maladie, il avait consenti enfin à se faire donner un remède que le médecin avait ordonné. Il fit donc venir un apothicaire, avec lequel, après de très-longues contestations, il convint de payer *trente* sous pour l'injection rafraîchissante et la peine de l'administrer ; mais comme celui-ci en était à la moitié de son ministère, il le fait suspendre tout-à-coup, et, se retournant :

— C'est assez, dit-il, j'ai réfléchi que la moitié me suffirait ; vendez le reste à quelque autre, voilà *quinze* sous.

Le défaut d'appétit fit juger à Scaramouche que sa fin approchait. Il ne mangea la veille de sa mort, pour son diner, que deux livres de pain en soupe, et une grosse poularde, en buvant sa chopine de vin de Bourgogne. Il manda donc aussitôt son confesseur. Le lendemain il ne prit qu'un très-ample vermicelle. L'illustre personnage attendit sa dernière heure en jouant aux cartes avec trois de ses voisins : la sentant arriver, il leur dit de continuer, se hâta de réciter le Pater, et expira. Il était âgé de quatre-vingt-sept ans, et laissait à son fils unique, qui s'était fait prêtre, un bien de cent mille écus. Son corps fut inhumé à Saint-Eustache.

Sa mort fut la nouvelle du jour. Loret, l'auteur de la *Gazette rimée*, lui brocha aussitôt une épitaphe, dont voici quelques vers ; ce ne sont peut-être pas les plus mauvais de tous ceux que ce poëte journaliste fit en courant.

> Alors qu'il vivait parmi nous,
> Il eut le don de plaire à tous,
> Mais bien plus aux grands qu'aux gens minces ;
> Et l'on le nommait en tous lieux
> Le prince des facétieux,
> Et le facétieux des princes.

> Au lieu de quantité de fleurs,
> Sur sa tombe versons des pleurs :

Pour moi, tout de bon j'en soupire,
J'en fais tout franchement l'aveu ;
Nous pouvons bien pleurer un peu
Celui qui nous faisait tant rire.

DE LA CHENAY, VOLEUR PARISIEN.

La bande des Rougets et des Grisons, si fameuse vers le milieu du dix-septième siècle, avait pour chef de la Chenay, et pour points de ralliement la place du Palais de Justice, le Pont-Neuf, le Louvre et le faubourg Saint-Germain. Dans les commencements, les membres de cette association n'exerçaient leurs talents que sur les amateurs de théâtres en plein vent, dont ils visitaient scrupuleusement les poches ; mais ils ne tardèrent pas à marcher d'un pas plus ferme dans la carrière du crime.

Le chef de cette bande était lui-même le plus intrépide brigand de cette époque. Tous ceux qui s'enrôlaient sous ses drapeaux, subissaient pour épreuve de demeurer deux jours entiers sans manger, et de coucher tête nue et au serein pendant trois nuits.

Un avocat de Rouen apprit un soir, à ses dépens, combien cette bande était impitoyable et rusée. Elle s'était divisée en trois groupes, dont l'un était posté devant la Samaritaine, l'autre devant le cheval de bronze, et l'autre sur le quai des Augustins. C'était la nuit, par un hiver fort rude. Notre avocat arrive bien monté, bien vêtu, et le nez dans son manteau. Comme il sortait de la rue Dauphine, six hommes, dont trois en habits rouges et trois en habits gris, et tous ayant de hauts panaches à leurs chapeaux, l'entourent en lui ordonnant de mettre pied à terre. Plus mort que vif, il obéit. Un d'eux alors, c'était la Chenay le chef de la bande, lui mettant un pistolet sur la gorge, lui demanda sa bourse.

— A cela ne tienne, Messieurs, s'écrie-t-il ; voilà tout ce que je possède.

Il donne sa bourse, et va pour remonter à cheval ; mais comme il mettait le pied à l'étrier, un des bandits s'avance en contrefaisant le boiteux, lui représente qu'il ne peut marcher davantage, qu'il a besoin d'un cheval pour s'en retourner, et tout en l'invitant à lui prêter le sien, il s'en empare sans autre forme de procès, et s'éloigne ainsi que ses compagnons.

Notre avocat, resté stupéfait, prend enfin le parti de poursuivre sa route à pied, s'estimant encore fort heureux d'être débarrassé de ces bandits. Arrivé devant le cheval de bronze, il se voit investi de nouveau. Il raconte qu'il vient d'être volé, et qu'il ne lui reste plus rien.

Vous méritiez ce traitement, lui dit-on, car vous n'êtes qu'un mal-appris : par exemple, qui vous a fait si hardi de passer devant Henri IV, ce grand et bon roi, sans ôter votre chapeau. Apprenez à être désormais plus honnête.

On lui enlève donc son castor, et, en outre, un riche diamant qu'il avait au doigt.

Notre homme ne savait plus s'il devait poursuivre ou retourner sur ses pas. Il crut plus prudent encore d'avancer. Le groupe posté devant la Samaritaine vint au-devant de lui, amenant un homme nu en chemise.

— Aurez-vous la barbarie, lui dit-on, par le froid horrible qu'il fait, de laisser ce malheureux souffrir ainsi ?

L'avocat vit bien où tendait cette harangue; il jeta son manteau, et s'enfuit de toutes ses forces, tremblant qu'on n'exigeât en outre son habit et ses chausses.

Cette bande devint extrêmement redoutable, au point d'entrer en plein jour dans les boutiques, et d'enlever les marchandises sans qu'on osât dire mot. Quelques-uns se faisaient recevoir au service des particuliers, afin de les mieux dévaliser. Une nuit que la Chenay, favorisé par l'un de ses affidés, s'était introduit par une fenêtre, le ressort du pistolet de son compagnon s'étant détendu, l'arme partit, et ce bruit éveilla les maîtres et les domestiques. La Chenay effrayé recourut à son échelle de corde; mais l'échelle cassa, et le brigand tomba d'un second étage. Son compagnon s'étant fait à la hâte une échelle de plusieurs serviettes nouées l'une au bout de l'autre, tomba également. Aucun des deux n'en mourut; la Chenay même échappa : mais le vent de l'adversité avait soufflé sur lui et sur sa troupe, et la fortune ne venait de les abaisser si bas, que pour mettre

le comble à ses rigueurs : La Chenay fut repris et
pendu ainsi que tous les Rouges et les Gris ses in-
trépides compagnons.

ARPALIN, VOLEUR BOHÉMIEN.

CET adroit filou fut d'abord, et dès son en-
fance, diseur de bonne aventure, jongleur, dan-
seur de corde, etc. Plus tard ses talents se déve-
loppèrent, et il est présumable que, jeté dans le
monde d'une autre manière et dans un autre temps,
il eût fait un comédien du plus grand mérite. Il
se montrait avec succès sous toutes les formes, et
prenait admirablement le ton, les manières et le
langage de toutes les professions. Aujourd'hui
gentilhomme, soldat ou capitaine, demain il était
ouvrier, petit-maître ou mendiant. On eût dit
qu'il connaissait toutes les sciences et savait tous
les métiers : artisans, magistrats, hommes d'épée,
hommes de lettres, Allemands, Anglais, Italiens,
Espagnols, Français, tous le prenaient pour un
de leurs confrères ou de leurs compatriotes. Il finit par se donner très-sérieusement comme un
Arabe du plus grand mérite, premier médecin du
roi de Perse, et voyageant par l'ordre de ce souverain pour acquérir de nouvelles connaissances.
En cette qualité il débitait force drogues, qu'il
faisait payer fort cher; mais le prix qu'il en obte-
nait légalement n'était rien en comparaison de

l'emprunt forcé qu'il faisait aux poches des gens qui venaient le consulter. Ainsi, tandis qu'il s'entretenait d'un air de bonhomie avec les artisans, d'un ton grave avec les magistrats, d'un air fanfaron avec les hommes d'épée, d'un ton scientifique avec les hommes de lettres, souvent on le surprit la main dans la poche, ou muni d'une petite paire de ciseaux, avec laquelle il s'essayait à couper la bourse de son voisin. Tout le monde sait que nos bons aïeux portaient leur argent dans un petit sac suspendu à leur côté; c'est à détacher ce petit sac que consistait le talent des coupeurs de bourse.

Arpalin se mêla même de l'art d'évoquer les spectres et les démons. Il promettait aux avares de leur découvrir des trésors cachés ; aux amants, de mettre fin aux rigueurs de leurs maîtresses; aux curieux, de leur enseigner tout ce qu'il y a de plus secret dans la nécromancie; mais, en attendant l'exécution de ses promesses, il ne manquait pas de débarrasser ses clients de leur argent et des objets précieux qu'ils possédaient. Déjà associé avec plusieurs hommes de mérite dans ce genre de talent, souvent même il s'emparait de celles de ses compagnons. Voici comment il s'y prit un jour pour parvenir à ce but. Voyant venir un homme de sa bande, nouvel adepte qui ne le connaissait point, il se laissa surprendre, et se vit bientôt le pistolet sur la gorge. Voilà ma bourse, dit-il alors, je vous la donne sans résistance; mais, pour que mon maître ne me traite pas de poltron, obligez-moi de tirer votre pistolet sur mon chapeau et de le percer d'une balle. Il jette son chapean à terre, et le larron le satisfait. Lorsque Arpalin vit que son adversaire était privé du secours de son arme à feu, il mit l'épée à la main, et prouva aussitôt à son homme, que, s'il s'était laissé voler, ce n'était que pour mieux voler à son tour.

L'adresse d'Arpalin étant généralement reconnue, et ses compagnons rendant hommage à sa supériorité, il devint le chef de sa bande. Les coups les plus difficiles lui paraissaient seuls dignes de lui. Un jour un anglais, qu'il avait accompagné à l'hôtel de Bourgogne, s'aperçut en sortant qu'on lui avait volé tout son argent, hors une pistole. Parbleu, dit-il, on ne m'attrapera pas celle-ci. Et il la met dans sa bouche. Arpalin crut alors que celle-ci valait la peine qu'il s'en occupât, et il résolut de se la procurer. Tout-à-coup il tire son mouchoir, laisse tomber exprès quantité de pièces d'or et d'argent, et prie les personnes présentes de l'aider à ramasser. Il se trouvait dans la foule plusieurs de ses associés, auxquels il donna le mot. L'anglais s'étant baissé comme les autres, un des affidés se met à crier au voleur, et affirme que cet homme a ramassé une pièce d'or qu'il a mise dans sa bouche. Il était impossible que l'anglais pût se défendre d'une pareille accusation, et il fut contraint de remettre cette dernière pièce au voleur qui lui avait déjà pris toutes les autres.

Tant de succès aveuglèrent Arpalin ; comme il était devenu de jongleur, voleur, il devint de voleur, assassin, et mourut sur l'échafaud.

PALIOLY, VOLEUR PROVENÇAL.

CE voleur fameux, après avoir long-temps exercé ses talents en Provence, sa patrie, vint à Paris où il espérait faire une fortune plus rapide. C'était un adroit hypocrite; il passait son temps dans les églises, et particulièrement à Saint-Médéric, où, tant que l'office durait, il restait à genoux, les mains jointes, et paraissant prier avec ferveur; mais ces mains constamment jointes, qui faisaient l'édification des fidèles, n'étaient que des mains de cire destinées à attirer les regards, tandis que les mains véritables de Palioly, cachées sous son manteau, n'en sortaient que pour visiter les poches de tous les fidèles qui l'environnaient.

Son extérieur de piété lui donnait une audace inconcevable. Un jour, dans l'église Saint-Germain, au milieu même du chœur, et pendant qu'on se préparait à la procession, il osa couper, sur le dos d'un chantre, près de la moitié d'une chappe de damas. Bientôt il obtint aussi facilement sa part des manteaux de toutes les personnes qu'il rencontrait. C'était un personnage né pour inventer. Déjà ses mains de cire avaient fait l'admiration de tous les émules dans son art, qui, par imitation, s'étaient fait faire des mains de bois recouvertes de gants; ils lui dûrent la nouvelle invention d'un instrument, dont il crut devoir faire l'épreuve sur un riche bourgeois de la place Royale. Palioly était alors lieutenant de sa bande. Il se fait suivre de deux des siens, et se présente chez son homme, auquel il veut, dit-il, communiquer quelque chose en particulier. Cette affaire intéressante consistait à le prier de lui remettre une très-forte somme d'argent qu'il devait avoir reçue la veille. Le bourgeois, au lieu d'admirer paisiblement une si noble assurance, témoigna de la surprise, et voulut faire du bruit. On s'empare aussitôt de lui, et, pendant que ses deux hommes le tiennent, Palioly lui glisse aussitôt dans la bouche une petite boule de fer, qui, par le moyen d'un ressort qui se détend, accroît son volume au point de ne pouvoir plus être retirée, et le silence du propriétaire étant alors regardé comme un consentement, on prend possession de la somme, qu'il veut bien laisser emporter.

Telle fut la seconde invention de Palioly, qui suffisait bien pour qu'on lui dût épargner le soin d'en faire de nouvelles. Cette boule de fer fut nommée *poire d'angoisse*, dénomination qu'elle justifiait bien. Le bourgeois de la place Royale, resté en cet état, se trouva dans une cruelle perplexité, car les serruriers eux-mêmes ne voyaient aucun moyen de le délivrer; mais Palioly ne voulait point sa mort, il lui envoya une clef qui le mit hors de peine : de manière que l'homme qu'il avait volé lui dut encore de la reconnaissance.

Quelque temps après, Palioly voulut en plein jour prendre le manteau d'un passant. C'était sur le Pont-Neuf. Il donne le mot à deux de ses associés, qui, feignant de reconnaître le personnage, l'accostent avec de grandes démonstrations d'amitié. Pendant qu'ils le saluaient et le tenaient par les mains, Palioly vint par derrière, détacha le manteau, et s'enfuit avec sa proie. Il joua une autre fois un tour à peu près semblable à un paysan, qui, assis au coin d'une rue, vendait des légumes. C'était alors l'usage des villageois de suspendre à leur cou le petit sac qui renfermait leur argent ; et celui-ci, pour se garantir des coupeurs de bourses, avait caché la sienne sous sa chemise. Cette précaution fut précisément ce qui la lui fit dérober. Palioly l'ayant remarqué, ordonna à l'un de ses compagnons, encore novice, de dépouiller ce malotru si méfiant. L'apprenti larron ne sachant comment s'y prendre, Palioly, pour lui donner une leçon, s'approcha du paysan, et, se baissant, le pria de vouloir bien lui enlever une paille qui s'était introduite sous le collet de sa chemise et l'incommodait beaucoup. Le paysan chercha inutilement, et pendant ce temps Palioly lui enleva sa bourse.

Ce bandit finit d'une manière extraordinaire pour les gens de sa profession : poursuivi de très-près, il s'engagea dans un régiment qui partait pour la guerre d'Allemagne, et il fut tué à la première affaire.

8*

LUCROMIS, VOLEUR FRANÇAIS.

LUCROMIS était né à Sens. Ce fut l'inventeur des échelles de cordes; mais il avait débuté par beaueoup d'autres expédients.

Un avocat très-célèbre, et qui demeurait rue Saint-Honoré, était parti depuis trois jours pour Melun, où il avait été appelé pour une consultation importante. Le matin, comme son épouse, encore au lit, s'entretenait avec une de ses sœurs, on annonce un inconnu très-bien couvert, et se disaut gentilhomme, qui demande à communiquer sur-le-champ à madame une affaire qui l'intéresse particulièrement. Ce ne peuvent être que des nouvelles du mari et de la consultation : on fait prier le gentilhomme d'entrer. Celui-ci fait mystérieusement entendre qu'il ne peut s'expliquer devant témoins. La sœur se retire.

Eh ! monsieur, dit alors la dame extrêmement inquiète, quelle nouvelle avez-vous donc à m'apprendre ?

— La voici en deux mots, répond l'inconnu. Il tire un pistolet de sa poche, et dit à l'oreille de la dame qu'il lui faut cent écus, et cela sans que sa sœur en sache rien. L'épouse de notre avocat ne sut trop d'abord si elle n'achevait pas quelque mauvais rêve; mais l'arme terrible était devant ses yeux, et l'inconnu l'invitait à prendre garde à ce qu'elle ferait.

Soyez tranquille, monsieur, lui dit-elle enfin, vous allez être satisfait.

Elle appelle sa sœur, et la prie de remettre cent écus à ce gentilhomme, commission dont sa sœur s'acquitte sans défiance, et même en le comblant de politesse. Celui-ci compta son argent, et s'aperçut d'une erreur que l'on vérifia paisiblement; il lui manquait une demi-pistole : la sœur répara son étourderie, en faisant beaucoup d'excuses, reconduisit l'étranger jusqu'à la porte, et, après lui avoir rendu toutes ses salutations, revint aussitôt, fort empressée de savoir quel était ce charmant cavalier. La dame était à même de lui en dire quelque chose, mais elle ne pouvait lui apprendre le nom du personnage; le lecteur est plus heureux : il se doute que c'est Lucromis, et en effet c'était lui-même.

Notre gentilhomme ne réussit pas toujours sans éprouver quelques contrariétés. Une nuit qu'il venait de jeter son échelle de cordes du côté de Saint-Jacques-la-Boucherie, et qu'il était même à moitié monté, le Guet arrive, et il n'a que le temps de s'enfuir. Chemin faisant, il vole un manteau; d'autres larrons le rencontrent et le dépouillent à son tour. Il tente enfin une nouvelle escalade aux environs de Saint-Étienne-du-Mont. A quelle maison s'adresse-t-il? A celle où l'on avait transporté l'homme qu'il avait dépouillé du manteau, homme récalcitrant qu'il avait légèrement blessé, et que plusieurs personnes entouraient dans une pièce voisine de celle où il met pied à terre. Le moindre bruit a été entendu : on accourt, il est surpris ; on lui tend même un piége, en lui promettant sa grace, s'il veut faire prendre ses complices...

Lucromis se trouvait dans un mauvais pas, il est vrai ; mais de quelles difficultés ne sait pas triompher un homme de génie? Le larron feint de consentir à livrer ses associés. Il s'approche de la fenêtre, et donne un coup de sifflet ; mais en même temps il s'élance, et, aussi prompt que l'éclair, se trouve glissé dans la rue, avant même que les spectateurs aient eu le temps de trouver la porte pour chercher l'escalier. Ainsi, deux fois l'inventeur des échelles de cordes pensa être victime de son grand zèle à faire l'épreuve de son procédé ; mais son propre ouvrage devait enfin lui devenir funeste. La découverte des secrets merveilleux presque toujours coûta cher à ceux qui en eurent la gloire : l'inventeur de la poudre à canon périt dans une explosion ; la troisième ascension de Lucromis fut suivie d'une quatrième obligée, qui termina son illustre carrière.

MAILLARD, VOLEUR FRANÇAIS.

Maillard est encore l'un de ces fameux voleurs du moyen âge, dont les ruses sont consignées dans l'histoire des larrons écrite à cette époque.

Il fut l'inventeur de plusieurs ruses admirables. « Le matin, dit son historien, il se barbouilloit le » nez de sang de bœuf, feignant d'estre malade du » haut-mal, et, avec cette industrie, il se campait » sur les advenuës du Louvre, et faisait le démo- » niacle, et se faisait tenir à quatre : de sorte que » le soir il s'en retournoit dans le fauxbourg de » Montmartre, lieu de sa demeure, et se faisoit » traiter le corps comme un grand personnage ; » quelquefois il se faisoit souffler, et eussiez dit » qu'il estoit hydropique, tant il contrefaisait bien » le malade ; tantost il renversoit tous ses mem- » bres, comme s'il eust voulu entasser Osse sur » Pélion, et de noûveau escalader le ciel, et dé- » trosner Jupiter du haut de l'Olympe. »

Maillard est l'auteur d'un stratagème fort connu, qui consista à lever chez un orfèvre un superbe calice au nom du prieur des Cordeliers, et à prier le marchand d'envoyer avec lui son commis ; celui-ci, au lieu de toucher la somme due, reçut un beau sermon du religieux, auquel le larron avait fait accroire que c'était un de ses parents qu'un excès de débauche et d'irréligion entraînait hors de la voie du salut. Il eut un jour une aventure qui lui donne quelque ressemblance avec Adraste, pour le talent de bien cacher ce qu'il dérobait. Il n'avait pourtant pu avaler son butin, car ce n'était rien moins qu'une bourse très-bien garnie, qu'il avait enlevée en se promenant dans la salle des tableaux au Louvre. Atteint sur la place Saint-Germain-l'Auxerrois, il est mené chez le commissaire : on le fouille, on le déshabille, on lui ôte même sa chemise; il est nu comme la main, et rien ne paraît encore. Où donc avait-il attaché le sachet précieux que gonflaient tant de pistoles, source du violent amour qui toujours l'entraînait à de nouvelles incartades?... *Affè lo vo castrare*, chantait Scaramouche, l'un de nos gais personnages d'imagination, *acciò lasci e non torni più ad amare*. C'est ce que tout le monde s'écria enfin, même le beau sexe présent à cette scène, qui, ne prenant point la chose au figuré :

> Pleurait le traître, en rendant grace au ciel,
> Et mesurant des yeux le criminel........

Notre hercule n'avait pas complété encore le nombre de ses travaux : ce n'était là que le rapt des pommes d'or du jardin des Hespérides, il fallait courir soulager Atlas, en soutenant quelques moments à sa place le ciel sur son dos, dompter les Centaures, nettoyer les étables d'Augias ; il eut même le dessein de massacrer plusieurs monstres. Tout cela, pour parler sans métaphore, signifie qu'étant ensuite allé à Amiens, et ayant réussi par ruse à faire convaincre d'un vol le bourreau de cette ville auquel il en voulait, il fut lui-même chargé de l'exécution de l'exécuteur, et qu'il lui épousseta soigneusement les épaules, pour les avoir époussetées aux autres ; qu'ensuite, il s'avisa de dévaliser un coche, et eut à combattre plusieurs rebelles, qui finirent pourtant par lui laisser la victoire : là se terminèrent les travaux du nouvel Hercule. Ce fut peu de temps après qu'il descendit aux enfers, et l'histoire ne dit pas qu'il en soit revenu.

LE CAPITAINE CHARLES VANE,

PIRATE ANGLAIS.

—

CHARLES VANE faisait déja depuis quelque temps le métier de pirate, et il se trouvait à la Providence, véritable colonie de bandits, lorsque le gouvernement y fit arriver des forces suffisantes pour faire respecter son autorité. Des lettres de grace furent accordées aux pirates qui voulurent alors faire leur soumission au gouvernement, et presque tous profitèrent de cette amnistie ; Vane et son équipage furent à peu près les seuls qui refusèrent de se soumettre. Dès que ce célèbre coquin vit arriver les deux navires de guerre que l'on avait mis aux ordres du gouverneur, il s'empressa de brûler une prise qu'il avait dans le port, appareilla, et eut l'audace de passer entre les deux bâtiments de guerre et de leur lâcher plusieurs bordées.

Quatre jours après, Vane qui avait arboré le pavillon noir, avait déjà fait deux prises importantes, savoir : un sloop des Barbades sur lequel il mit vingt-cinq hommes d'équipage, et dont il donna le commandement à l'un de ses lieutenants nommé Yeats ; l'autre prise était un petit bâtiment chargé de pièces de huit qu'il portait à la Providence. Vane conduisit le tout dans une petite île ; là on fit le partage du butin qui était considérable ; puis on se radouba, et ensuite tous ces bandits passèrent huit jours dans des orgies horribles qui ne cessèrent que parce que les provisions étaient sur le point de leur manquer.

Vane remit alors à la voile ; c'était vers la fin de mai 1718 ; il se dirigea sur les îles du vent. Chemin faisant, il prit un navire espagnol qui allait de Porto-Rico à la Havane, avec une riche cargaison ; après avoir pillé le navire, Vane y fit mettre le feu, ne laissant aux espagnols qu'une méchante barque sur laquelle ils essayèrent de regagner leur île à la lueur de l'incendie de leur navire. Vane et ses gens manquaient néanmoins de provisions : celles qu'ils avaient trouvées sur le bâtiment espagnol étant peu considérable ; et le capitaine délibérait avec ses officiers pour décider sur quelle terre ils aborderaient, lorsqu'ils rencontrèrent, entre Saint- Christophe et l'Anguille, deux navires entièrement chargés des provisions qui leur manquaient. Vane fit transporter les cargaisons à son bord, prit tout l'argent des équipages, et les laissa ensuite continuer leur route.

Trois mois après, Vane et Yeats qui commandait l'autre bâtiment, prirent sur les côtes de la Caroline du sud un très-beau navire, chargé de bois de campêche. Cette cargaison n'avait aucun prix pour les pirates ; mais la beauté du bâtiment séduisit Vane ; il ordonna donc que le bois de campêche fut jeté à la mer, et, afin que cette opération fût plus promptement achevée, il força les prisonniers d'y travailler; mais, lorsque cette besogne fut terminée, Vane changea d'avis; il abandonna cette prise, et rendit la liberté à l'équipage qu'il avait fait prisonnier.

Dans le cours du mois d'août, les pirates prirent un grand nombre de navires; entr'autres un brigantin employé à la traite des nègres, et qui revenait de la côte de Guinée, avec une centaine d'esclaves; ils s'emparèrent des nègres qu'ils firent passer sur leur bord, pillèrent le navire de fond en comble, et le laissèrent ensuite continuer sa route.

Cependant Yeats qui commandait le sloop, commençait à se montrer très-mécontent de la supériorité que Vane affectait avec lui; il est vrai que ce dernier le traitait avec fort peu de cérémonie, attendu qu'il le regardait toujours comme son subordonné. Yeats et ses hommes se croyaient de leur côté les égaux de Vane, et la vérité est qu'ils étaient tous de grands coquins. Les mécontents n'osant pas rompre ouvertement avec Vane qui montait le plus grand des deux navires, et dont les forces étaient trop considérables, résolurent de saisir la première occasion qui se présenterait pour se séparer de lui, et, comme chacun d'eux se trouvait avoir une ceinture bien garnie d'or et de diamants, ils voulurent profiter de l'amnistie, afin de jouir tranquillement du produit de leur brigandage. Leur mécontentement s'accrut encore lorsque Vane mit les cent nègres sur leur bord, ce qui les mettait dans la nécessité de faire uue garde sévère et très-fatigante en raison de leur petit nombre.

Un jour donc que les pirates étaient à l'ancre, Yeats et ses gens firent leurs préparatifs; puis, quand le soir fut venu, Yeats coupa son cable et cingla vers la côte. Vane ne tarda pas à s'apercevoir de cette manœuvre: il devint furieux, et se mit à la poursuite de son lieutenant, en déployant toutes ses voiles. Yeats perdait du terrain à chaque instant, car le brigantin que montait Vane était bien meilleur voilier que le sloop. Les fugitifs allaient être atteints, lorsque Yeats franchit la barre et entra dans la rivière de North-Eddiston, où Vane n'osa pas le suivre, et il se contenta de lui envoyer quelques bordées que Yeats lui rendit, et après s'être ainsi fait leurs adieux, ils ne tardèrent pas à se perdre de vue.

Yeats envoya un de ses hommes au gouverneur de Charlestown, pour lui faire savoir que lui et ses compagnons étaient prêts à faire leur soumission, si on voulait les admettre à jouir du bénéfice de l'amnistie, et que, dans ce cas, ils remettraient à la disposition du gouvernement le sloop et les cent nègres qui s'y trouvaient entassés. Cette proposition fut acceptée; les pirates reçurent des lettres de grace, et les nègres, ainsi que le navire, furent rendus à qui ils appartenaient.

Pendant quelques jours, Vane croisa à l'entrée de la rivière, espérant que Yeats remettrait à la mer et lui donnerait l'occasion de se venger; mais il l'attendit vainement, et fut obligé de partir après avoir pris et pillé par forme de passe-temps deux navires qui partaient de Charlestown pour l'Angleterre.

A cette époque le gouverneur de la Caroline du sud, indigné de l'audace des pirates qui infestaient ces parages, arma deux navires pour aller à leur recherche. Le colonel Rhet, qui commandait l'un de ces navires, rencontra bientôt un des bâtiments que Vane avait pillés. Le capitaine de ce navire ayant entendu dire à Vane pendant le pillage, qu'il avait l'intention d'aller se radouber dans une des rivières du sud, en instruisit le colonel, qui se dirigea de ce côté, sans se douter qu'il était ainsi la dupe des pirates qui n'avaient tenu ce propos que pour donner le change aux vaisseaux de guerre que l'on pourrait envoyer contr'eux. Ainsi donc, tandis que le colonel faisait voile vers le sud, Vane entrait fort tranquillement dans une baie sur la côte du nord, où il trouva un autre pirate, le célèbre Barbenoire, qu'il salua de quelques coups de canon à mitraille, ainsi que cela se pratique entre gens de cette sorte; Barbenoire lui rendit son salut, et ils vécurent en bonne intelligence jusqu'à ce que Vane quitta cette baie, au mois d'octobre, pour recommencer ses courses.

Pendant un mois Vane ne rencontra que des navires misérablement chargés; il en pilla quelques-uns, pour tenir ses hommes en haleine; il pestait de grand cœur contre le hasard qui le servait si mal, lorsque, vers la fin de novembre, il aperçut un grand navire, et il s'empressa d'arborer le pavillon noir, espérant que cette démonstration suffirait pour que ce bâtiment se rendît; mais le contraire arriva; le navire menacé arbora le pavillon français et l'assura par une bordée qui fit connaitre aux pirates qu'ils avaient affaire à forte partie. C'était en effet un vaisseau de guerre, qui, loin de vouloir éviter les pirates, déploya toutes ses voiles pour les joindre. Les pirates délibérèrent alors sur ce qu'ils devaient faire. Vane voulait s'éloigner le plus rapidement possible; mais la plus grande partie de son monde se trouva d'un avis contraire : presque tous voulaient que l'on tentât l'abordage, et il fallut que le capitaine employât toute son autorité pour empêcher ces bandits de courir à leur perte; il fit donc mettre toutes ses voiles dehors, malgré les murmures de l'équipage, et ils parvinrent à échapper au vaisseau français. Mais cette action fut regardée comme une lâcheté; dès le lendemain, les pirates se réunirent pour examiner la conduite de leur capitaine; il fut déclaré à l'unanimité que Vane avait souillé son honneur; qu'en conséquence il ne méritait pas de commander à de braves gens, et qu'il serait chassé de leur compagnie. Vane et quelques-uns de ceux qui s'étaient trouvés de son avis pour échapper aux français, furent aussitôt mis à bord d'un petit sloop qui avait été pris quelques jours auparavant, et on les abandonna après leur avoir donné quelques munitions pour continuer leur honorable métier dans le cas où ils en auraient l'intention.

Vane avait la rage dans le cœur; il eût certainement fait sauter le navire dont on le chassait, si on ne lui en eût ôté les moyens. Cependant l'espoir lui revint en se voyant encore à la tête de quelques-uns de ses compagnons; il pensa que peu de temps lui suffirait pour reconquérir sa puissance passée, et il se retira dans la baie de Honduras, d'où, après avoir mis leur sloop dans le meilleur état possible, les pirates partirent pour aller croiser sur les côtes de la Jamaïque; ils s'emparèrent, en y arrivant, de trois petits bâtiments dont un sloop; le butin provenant de ces prises fut peu considérable; mais tous les hommes composant les équipages des navires capturés s'engagèrent parmi les pirates, de sorte que Vane se trouva de nouveau à la tête d'une compagnie formidable répartie sur deux sloops : il donna le commandement du second à Robert Deal, l'un de ceux qui avaient été de son avis dans l'affaire du bâtiment de guerre français.

Les deux sloops étant entrés dans la baie de la Jamaïque, vers le milieu du mois de décembre, y trouvèrent un très-beau navire. C'était la *Perle*, qui, dès qu'elle aperçut les pirates, s'empressa de mettre à la voile; mais les sloops lui donnèrent la chasse, s'en emparèrent après lui avoir envoyé quelques bordées, et l'emmenèrent près de l'île Barnacho, où ils s'arrêtèrent, pour se radouber, après avoir fait en route quelques prises peu importantes.

Les affaires de Vane étaient en bon train. Au mois de février; il partit de Barnacho, pour faire une nouvelle croisière; mais, après quelques jours de navigation, il fut surpris par une tempête des plus violentes, qui, après l'avoir séparé de son second bâtiment, jeta celui qu'il montait sur la côte d'une petite île déserte, où il fut entièrement brisé, presque tous les hommes de son équipage furent noyés; lui-même n'échappa à la mort que par une espèce de miracle. Il se trouva réduit à la plus grande misère, n'ayant pu rien sauver du bâtiment naufragé, et n'ayant pour vivre que quelques coquillages et des racines.

Il y avait déjà un mois que Vane se trouvait dans cette position lorsqu'un bâtiment de la Jamaïque toucha à cette île pour y faire de l'eau; il se trouva que le capitaine de ce bâtiment était un ancien boucanier, nommé Holford, que Vane avait connu autrefois; ce dernier le pria donc de l'emmener.

— Non pas, maître de Charles, dit Holford; je n'en ferai rien, s'il vous plaît : je vous connais de trop longue main, mon ami. Une fois en mer, vous cabaleriez avec mon équipage; vous m'assommeriez, et, avec mon navire, vous reprendriez votre ancien métier. Je ne puis vous prendre sur mon bord que comme prisonnier.

Vane eut beau supplier son ancien ami et lui faire toutes sortes de protestations, il ne put parvenir à le faire changer de résolution.

— Vous pouvez aisément quitter cette île sans mon secours, dit Holford, et vous ferez bien d'en profiter : car je vais à la baie de Honduras; dans un mois je reviendrai ici, et, si je vous y retrouve, je vous emmène à la Jamaïque, et je vous y fais pendre.

— Et comment voulez-vous que je sorte d'ici ? demanda Vane.

— Eh parbleu ! il ne manque pas de barque sur le rivage ; prenez-en une.

—Quoi ! vous me conseillez de voler une barque de pécheur ?

— Oh ! mon drôle, vous ne feriez certainement pas le scrupuleux s'il s'agissait de quelque beau navire richement chargé. Restez, si bon vous semble, au surplus ; mais soyez sûr que dans un mois je serai de retour et que je tiendrai ma promesse.

Holford partit ; mais quelques jours après un autre navire aborda dans l'île ; comme Vane n'était connu ni du capitaine ni de l'équipage de ce dernier, il lui fut aisé de se faire passer pour un simple matelot naufragé, et le capitaine consentit à le prendre à son bord. Vane se croyait sauvé ; mais il arriva qu'en revenant de la baie de Honduras, Holford rencontra le navire sur lequel se trouvait ce fameux pirate : le capitaine de ce navire étant aussi un ami de Holford, invita ce dernier à diner sur son bord. Au moment où Holford entrait dans la cabine, il aperçut Vane qui travaillait près de là.

— Connaissez-vous l'homme que vous avez là ? demanda-t-il à son ami.

— C'est un pauvre diable que j'ai recueilli sur une île déserte, répondit l'autre, et qui me paraît un assez bon marin.

— C'est en effet un excellent marin, et de plus un des pirates les plus célèbres ; en un mot, mon ami, vous avez l'avantage de posséder à votre bord l'illustre Vane.

— S'il en est ainsi, je ne le garderai pas sur mon bord.

— Et vous ferez bien; car il pourrait arriver qu'il parvînt à vous faire jeter aux requins pour prendre votre place. Afin de vous en débarrasser, je l'enverrai prendre; je le ferai mettre aux fers, et je le livrerai aux autorités de la Jamaïque, qui le traiteront comme il le mérite.

En effet dès que Holford fut de retour sur son navire, il envoya son lieutenant et quelques hommes bien armés pour s'emparer du pirate. Le lieutenant, s'approchant brusquement de Vane, qui ne se doutait de rien, lui appuya le bout d'un pistolet sur la poitrine, en lui déclarant qu'il le faisait prisonnier. Toute résistance était inutile; Vane fut mis aux fers à bord du bâtiment de Holford, son ancien ami, qui le livra à la justice en arrivant à la Jamaïque. Par une coïncidence remarquable, Deal, l'ancien lieutenant de Vane, avait été pris à peu près dans le même temps par un bâtiment de guerre, et tous deux furent pendus le même jour.

ÉPINAL. imprimerie de P.-H. FAGUIER.